यूँ ही...

यूँ ही...

डॉ. अखिलेश मिश्र

वाणी प्रकाशन

वाणी प्रकाशन
4695, 21-ए, दरियागंज, नयी दिल्ली 110 002

शाखा
अशोक राजपथ, पटना 800 004

फ़ोन : +91 11 23273167 फ़ैक्स : +91 11 23275710

www.vaniprakashan.in
vaniprakashan@gmail.com
sales@vaniprakashan.in

YOON HE...
by Dr. Akhilesh Kumar Mishra

ISBN : 978-93-86799-39-5
Poetry

प्रथम संस्करण 2018

मूल्य : ₹ 275

एम.एस. प्रिंटर्स, दिल्ली-110 095 में मुद्रित

वाणी प्रकाशन का लोगो मक़बूल फ़िदा हुसेन की कूची से

अम्मा जी

और

बाबू जी को

सादर...

सप्रेम...

मधु, सागर, अपूर्वा

को समर्पित

...डॉ. अखिलेश मिश्र

दूसरे संस्करण की भूमिका

...बताना तो यहाँ यह भी था कि, मैं आजकल पीलीभीत, उत्तर प्रदेश में जिलाधिकारी के पद पर हूँ। जिलाधिकारी को हिन्दी में कलक्टर भी कहा जाता है। मुझे याद है कि जब बचपन में अम्मा को यह शिकायत करता था कि बड़ी बहन मुझे जूता नहीं दे रही है तो बाबूजी हड़काते हुए कहते थे कि 'बड़े कलेक्टर हो गये हो' तब मैं कलक्टर क्या होता था, मैं नहीं जानता था। तब यह जानता था कि कुछ होता है, आज मैं कलक्टर हूँ तथा यह भी नहीं जानता कि यह कलक्टर क्या होता है और क्या करता है। अम्मा बनारस से उस दिन आई थी तो उसने कलक्टर का बड़ा घर देखा, जिसका नाम मैंने 'श्वेत सदन' रखा है और वह इसलिए पीलीभीत के कलक्टर का घर बहुत ही आलीशान है, पूरा-पूरा सफेद है, परन्तु मैं उसे 'व्हाइट हाउस' कह दूँगा तो कुछ लोग यह टिप्पणी करेंगे कि मेरी सोच अमेरिका परस्त है। पर अम्मा अपनी उम्र के कारण कई दिनों रहने के बाद भी बिना पूरा घर देखे ही चली गयी, इतने कमरे, उस पर से सीढ़ी, खरगोश, बत्तख, कछुआ, मन्दिर, नहाने वाला पूल, रुद्राक्ष का पेड़, कटहल...पर हाँ, गय्या को कभी-कभी रोटी देती थी। पर अम्मा सभी को यह बताना नहीं भूलती कि उसकी नजरों में कलक्टर क्या बला है।

उस दिन अचानक मेरे एक मित्र अनुराग जी का फ़ोन आया और उन्होंने 'यूँ ही...' किताब छपने पर बधाई दी, किताब तो लगभग 6 माह पूर्व छपी थी, तो मैंने उनकी बधाई को ज़्यादा तवज्जो नहीं दिया, साथ में यह भी बताया गया कि आपकी किताब 'यूँ ही...' हिन्दी कविता के क्षेत्र में दैनिक जागरण और नीलशन कम्पनी के सर्वे में बेस्टसेलर घोषित की गयी है। मैंने उनकी बात को अनसुना किया और लगा कि रात हो गयी है तभी ऐसी बातें की जा रही हैं। थोड़ी देर बाद मेरे मोबाइल पर व्हाट्सऐप, यू-ट्यूब, इन्स्टाग्राम मैसेज की झड़ी लगना शुरू हो गयी तो पता यह चला कि प्रधानमन्त्री श्री नरेन्द्र मोदी, गुलज़ार साहब, जावेद अख़्तर जैसे लेखकों के साथ मेरी भी किताब बेस्टसेलर चुनी गयी है। मैंने सारे

मैसेज प्रकाशक अरुण माहेश्वरी जी को फारवर्ड कर दिये। अरुण जी भी मेरे मैसेज से आश्चर्यचकित थे, जब मैंने अरुण जी को बताया कि वाणी प्रकाशन की किताबें बेस्टसेलर घोषित हैं, तो आश्चर्यचकित हुए। क्योंकि उन्हें उसकी जानकारी नहीं थी और सुबह पता किया गया तो पता यह चला कि ऑन-लाइन किताबें अपने आप बिक रही थीं और वाणी प्रकाशन की करोड़ों किताबें हैं। सर्वे कम्पनी द्वारा सारा सर्वे ऑन-लाइन किया गया था इसलिए किसी को भी यह बात पता नहीं चली।

वैसे लग तो अच्छा ही रहा था कि किताब की अचानक डिमांड बढ़ गयी है। मैं अचानक बड़ा टाइप का कवि भी हो गया हूँ। अख़बार वाले फ़ोटो खींचते रहे हैं। मेरे अन्दर का कवि मेरे अन्दर के ही कलक्टर से लड़ रहा है, चिढ़ा रहा है। कलक्टर भी कहाँ मानने वाला है, मैं तो कन्फ्युजिया गया हूँ कि कितना हिस्सा कवि हूँ, कितना हिस्सा कलक्टर...

इसी बीच, 'नीरज जी' चले गये। हाँ, हाँ, गोपालदास 'नीरज' जी। 'कारवाँ गुज़र गया, गुब्बार देखते रहे...।' साहित्य जगत उन्हें याद कर रहा है। करिश्मा थे वो।

...इसी ऊहापोह में, ग़ज़ल कुछ यूँ हुई—

ज़िन्दगी का क्या ठिकाना हो न हो।
कल भी ये मौसम सुहाना हो न हो...

मुतमईन थी माँ कि बेटा आएगा।
बाप को शक था कि आना हो न हो...

जो मकाँ तुमने बनाये उम्र भर।
वंशजों का वो ठिकाना हो न हो...

जिस शहर में मैं बहुत मशहूर था।
कल वहाँ का आबोदाना हो न हो...

वक़्त की पाबन्दियों में ज़िन्दगी।
साँस का क्या आना जाना हो न हो...

रेत की मुट्ठी पे मत तू फख्र कर।
क्या ख़बर कब ये ख़जाना हो न हो...

तू दीवानी है किसी की उस्से क्या।
तेरा भी हो वो दीवाना, हो न हो...

...कवि और अधिकारी के कशमकश में 'कविता' 'साहित्य' उस रोटी की तरह हो जाता है जिसे दो बिल्लियों की लड़ाई में एक बन्दर धीरे-धीरे खाता जाता है। ...कवि, अधिकारी को, साम, दाम, दण्ड, भेद से खींच कर सत्य के राह पर ला पटकता है, तो अधिकारी, कवि से कहता है, "अबे, चुप रह तेरे चक्कर में, सियासत कुर्सी से बेदखल कर देगी।" ...कवि आवारगी की मस्ती याद दिलाती है तो अधिकारी कहता है, रुको : सत्य को झूठ की लगाम दो...फिर होता ये है कि कवि दबी ज़ुबाँ से सत्य बोलता है और अधिकारी बा-आवाज़े बुलन्द झूठ बोलने से नहीं कतराता।

और फिर से, एक बार कलीम भाई, अरुण जी को, नीलशन को व दैनिक जागरण को दिल से शुक्रिया।

...वैसे ये जनता है, ये सब जानती है।

–डॉ. अखिलेश कुमार मिश्र
जिलाधिकारी,
पीलीभीत

अपने बारे में क्या लिखूँ...?

कलीम भाई (डॉ. कलीम क़ैसर) कई दिनों से मेरे पीछे पड़े हैं कि अपने बारे में कुछ लिख डालो! नहीं तो किताब इसके बिना नहीं छप सकेगी। वैसे भी किताब तो कई सालों से छपने की प्रक्रिया में है। इस बार कलीम भाई की ज़िद ने यह बीड़ा उठाया है। लिख दे रहा हूँ आगे ईश्वर मालिक है...।

बचपन में किसी के बारे में लिखता था तो पैदाइश से लेकर मृत्यु तक एक लेख होता था। यहाँ तो सब कुछ यूँ ही है। अम्मा बताती थीं कि प्रतापगढ़, उ.प्र. के मझिगवाँ गाँव में 'तिवारी का पुरवा' यानी अपने ननिहाल में पैदा हुआ था। ननिहाल ने अम्मा के कई गुण भी दिये। कालान्तर में जो बाबू जी ने भगवानपुर, बनारस में डेढ़ बिसवा ज़मीन ख़रीद कर मकान बनवाया तो मैं लेबर, मिस्त्री, मालिकगीरी सब सीख गया। कमरे ज़्यादा हो गये थे। वो पूरा परिवार मैं, अवधेश, अम्मा, बाबू जी, अन्नपूर्णा सब एक ही कमरे में रहने के आदी थे। खाली मकान में बाबू जी ने स्कूल खोल दिया था। अम्मा बनीं प्रिंसिपल। 'ए, बी, सी, डी', 'क, ख, ग, घ' सब इसी स्कूल में अम्मा ने स्वयं पढ़ा। पढ़ने-लिखने के बाद अम्मा ने रामचरितमानस का जो अध्ययन किया, सब याद हो गया। 'सुन्दरकाण्ड' रोज़ पढ़ने लगीं। गाँव के गीतों की स्वरलहरी पहले से ईश्वरीय देन के रूप में थी। सोहर ऐसे-ऐसे कि डेढ़-ढेढ़ घण्टे लगातार एक सोहर गा सकतीं। मिला-जुलाकर आज की नारी शक्तियों में अम्मा विद्वान कहलाई जाने लगीं। फिर एक दिन 'व्यास मंच' पर जा बैठीं। अम्मा जब-जब मंच पर बैठीं तो आयोजकों को उन्हें मंच से उतारने में दिक़्क़त होती थी।

माँ का सारा असर तो ख़ून में था। मेरे बाबू जी साइकिल के डंडे पर मुझे और पीछे कैरियर पर बड़ी बहन को बिठा कर दस कि.मी. स्कूल ले जाते। रास्ते भर पहाड़ा और स्पेलिंग, टेन्स आदि की पढ़ाई होती, चौपाई और कविता भी याद करायी जाती। सार्वजनिक पिटाई भी साइकिल पर ही होती। बचपन से ही स्कूल का स्टेज फ्री हो गया था। प्रार्थना में 'आज के विचार, कविता, अंग्रेज़ी

पोएम, आज के समाचार' सब रेडीमेड रहता था मेरे पास। फंक्शन में नाटक, कविता पाठ, डिबेट सब में मेरी हिस्सेदारी होती। बाबू जी 'गेम्स टीचर' थे और स्कूल भर के 'डिसिप्लिन' के इन्चार्ज भी। टेस्ट कॉपी में कितने नम्बर मिले उनको पहले से ही पता रहता था। कॉपी क्लास में दिखायी जाने के पहले ही धुनाई हो जाती थी। स्कूल से निकला तो 'कॉलेज' में आया। हिन्दी, कक्षा-10 तक ऑप्शनल पढ़ी थी। पर मोहनलाल जी की शब्दावली से नम्बर 'फर्स्ट क्लास' आते थे। उर्दू कभी न पढ़ी और न जानी।

पढ़ते-पढ़ते पी.सी.एस. हो गया। डिप्टी कलेक्टर, फिर उन्नाव का सिटी मजिस्ट्रेट। जब मैं मेरठ में था, तो अक्सर कार्यक्रमों का मुख्य अतिथि बनता रहा। सुभाष चन्द्र जी के जन्मोत्सव पर वहाँ एक कवि-सम्मेलन हो रहा था। हास्य-व्यंग्यकार प्रवीण शुक्ल संचालन कर रहे थे। हरिओम पवार और सुरेन्द्र शर्मा जी भी मंच पर थे, और मैं किसी कवि को नहीं पहचानता था। कुछ दिनों पहले ही हरिवंश राय बच्चन जी की मृत्यु हुई थी। मैंने प्रवीण शुक्ल से कहा कि मैं श्रद्धांजलि स्वरूप कुछ रूबाइयाँ सुनाना चाहता हूँ। परन्तु मेरी बारी अन्तिम कवि सुरेन्द्र शर्मा जी के बाद आयी। लोग उठकर जाने लगे थे। मैंने लौटती भीड़ की पीठ पर 'मधुशाला' की तान छेड़ी, लोग वापस लौट आये। हॉल दुबारा भर गया, और मैं काफ़ी देर तक रुबाइयाँ सुनाता रहा।

फिर तो मेरठ में जहाँ भी कवि-सम्मेलन होता, मुझे बुलाया जाता। मैं 'मधुशाला' की रुबाइयाँ सुनाता था, मज़ा आता था। एक मंच पर डॉ. हरिओम पवार ने मुझे टोक दिया कि 'दूसरे की कविता पढ़ना, मंचीय परम्परा के विपरीत है।' उसी समय से मैंने मंच पर जाना छोड़ दिया। परन्तु एक दिन मजबूरी में जाना पड़ा। उसी दिन मैंने एक छोटा-सा गीत लिखा, वो भी व्याकरण के नियमों से परे। उस कार्यक्रम में हरिओम जी नहीं थे। फिर मैं 'मधुशाला' सुनाकर वापस आ गया।

जब मेरा उन्नाव ट्रांसफर हुआ तो मैंने कवि-सम्मेलनों की महत्ता को समझा। मैं वहाँ सिटी मजिस्ट्रेट था और सहज उपलब्ध 'चीफ़ गेस्ट'। घर पर एक बूढ़ा चपरासी था, जो मेरे देर रात तक घर लौटने तक रुका रहता था। उस चपरासी को जल्दी छुट्टी देने के लिए मैं सारे कार्यक्रमों को सहज स्वीकार कर लेता था। डिनर की भी व्यवस्था हो जाती थी। कवि सम्मेलनों में उद्घाटन करते-करते मैंने अपनी कविता सुनानी शुरू कर दी। 'पॉपुलर मेरठी' जी को मेरी कविता पसन्द आ गयी। मामला दुबई के सैयद सलाहुद्दीन तक पहुँचा, जिसके माध्यम बने डॉ. कलीम क़ैसर, फिर मुझे दुबई में कविता पाठ का बुलावा आ गया। कलीम भाई

के निर्देशन में मैं दुबई पहुँचा। वहाँ मेरी प्रस्तुति कुछ ऐसी थी कि मैं उसी दिन अपने आप को मंचीय कवि महसूस करने लगा। रोज़मर्रा के अनुभवों पर लिखी कविताएँ जब चल पड़ीं, तो फिर चल ही पड़ीं। आम लोग मुझे कवि के रूप में ज़्यादा और अधिकारी कम जानने लगे। इसका एक फ़ायदा मुझे यह हुआ कि अपने देश के अतिरिक्त विदेशों में भी मुझे कविता पाठ का अवसर मिलने लगा।

सबने कहा कि अपनी रचनाएँ प्रकाशित कर डालो। कलीम भाई ने दो बार उस पर भूमिका भी लिखी। परन्तु मुझसे वह बार-बार गुम हो गयी। इस बार लगता है कि मेरा संकलन जैसा भी है छप के ही रहेगा। कलीम भाई ने सारी मेहनत करके मुझे मेरा संकलन वापस करते हुए यह टिप्पणी की कि "यह ले अपनी लकुटि कमरिया, बहुतै नाच नचायो..."

आज तक मेरी समझ में नहीं आया कि मैं अपने बारे में क्या लिखूँ? लिखना मेरे लिए आसान भी है और मुश्किल भी। क्योंकि मैं ऐसी सेवा में हूँ कि प्रतिपल एक नया अनुभव होता है। बस मैं उन्हीं अनुभवों को अपने टूटे-फूटे शब्दों में पिरोने का प्रयत्न करता हूँ, क्योंकि कविता लिखना सौभाग्य का विषय है। केवल 'वियोगी' ही कवि नहीं होता, बल्कि मुझ जैसा आम आदमी भी अपने अन्दर वो भाव रखता है जिससे कविता जन्म लेती है। मुझे हर मोड़ पर कविता मिली। कुछ लिख गयी और कुछ अलिखित रह गयी। इसलिए एक अधूरेपन का अहसास आज भी है और शायद अधूरापन ही जीवन है। कविता इस अधूरेपन को पूरा करने का स्वयंभू प्रयास है। संयोग-वियोग से इतर सामाजिक जीवन भी कविता का माध्यम बनता है।

"मैं तो तुम से प्यार करूँगा, क्या कर लोगी तुम
जीना भी दुश्वार करूँगा, क्या कर लोगी तुम"

चलिए जाने भी दीजिए...अब यह ज़रूर है कि हर रचनाकार स्वयं में अद्भुत होता है। पर मेरी कविताएँ तो बस 'यूँ ही हैं'...बस यूँ ही...!

—डॉ. अखिलेश मिश्र

यूँ ही...बहुत कुछ हो जाता है

डॉ. अखिलेश मिश्र के बारे में मैं ही नहीं बल्कि उनके कई ज्ञानी मित्र, कवि, शायर, अधिकारी और वह जिससे उनका सम्पर्क या सम्बन्ध रहा है, खुल कर कह सकते हैं कि अखिलेश जी अपनी दुनिया आप पैदा करने वाले व्यक्ति हैं। कुछ लोग ऐसे होते हैं जो मैख़ाने में बैठ कर पीते हैं और कुछ जहाँ बैठ कर पी लेते हैं वहीं मैख़ाना बन जाता है। वो उच्चतम शिक्षा एवं संस्कार प्राप्त व्यक्तित्व हैं। जेनेटिक्स में पीएच.डी. हैं, इसलिए उन्हें बहुत पढ़ा लिखा भी कहा जायेगा। अक्सर देखा गया है कि बहुत पढ़े-लिखे आदमी का बहुत गम्भीर होना स्वभाविक होता है। कुछ लोग तो इस गम्भीरता को आवश्यकता से अधिक ओढ़े रहते हैं, मगर डॉ. अखिलेश इसके बिल्कुल विपरीत हैं। उनकी तन्हाई भी किसी अंजुमन से कम नहीं होती है। ये ऐसे 'बाग़ो बहार' व्यक्तित्व हैं जिनका अन्दाज़ा करना आसान काम नहीं है। क्योंकि ये इतने सरल हैं कि कभी-कभी बहुत कठिन दिखाई देने लगते हैं।

डॉ. अखिलेश मिश्र सरकार का वह सिक्का हैं जिनके माथे पर 'भारतीय प्रशासनिक सेवा का चिह्न' दिखायी देता है तो दूसरी तरफ उस सिक्के का मूल्य लिखा है। ये अजीब बात है कि वो मूल्य डॉ. अखिलेश के दिल पर लिखा है, जो बहुमूल्य है, शायद ये इसलिए भी है कि इसका मूल्य सिर्फ़ दिल वाले ही दे सकते हैं, क्योंकि वो इन्सानियत के नाम पर कभी-कभी बिना मूल्य के बिकने को तैयार रहते हैं।

बनारस की तीन चीज़ें बहुत प्रसिद्ध हैं—

1. भोले शंकर का ध्यान, 2. बनारसी संगीत और 3. बनारसी पान।

डॉ. अखिलेश को ध्यान और संगीत से आत्मिक लगाव है मगर उनकी रचनाएँ ध्यान और संगीत के समागम का 'पान' कराती हैं। उनकी रचनाओं में एक भरपूर मानव की सोच प्रत्यक्ष रूप से दिखाई देती है। वह जिससे मिलते हैं या तो उसे अपना बना लेते हैं या उसी के हो जाते हैं। कभी-कभी उनके इस

भोलेपन के कारण कुछ लोग ग़लतफहमी का भी शिकार हो जाते हैं, मगर क्या कीजिए वह अपनी प्रवृत्ति तो नहीं बदल सकते।

कविता दिलवालों की धर्मिता होती है। चूँकि डॉ. अखिलेश अन्दर से पूर्णतया धार्मिक (मानवतावादी) इन्सान हैं, इसलिए उनके यहाँ जो भरपूर इन्सानियत से भरी सोच है वो दूर से ही झलकती है। उनका काव्य संग्रह 'यूँ ही' मेरी ज़िद (आग्रह) पर प्रकाशित हो रहा है। मैं विगत 7 वर्षों से उनसे कहता रहा हूँ कि जो कुछ है, जैसा भी है उसे संग्रहित कर लेना ही आवश्यक है। मैं उनके संकलन पर ये तीसरी बार व्यक्तिगत राय दे रहा हूँ। इससे पूर्व दो बार लिख चुका हूँ जिसे वह गुम कर चुके हैं, मगर इस बार लगता है कि उनका काव्य संग्रह प्रकाशित हो ही जायेगा।

डॉ. अखिलेश की कविताओं की सहजता का आकलन आसान नहीं है और वह जिस मूड और जिस दिल से लिखते हैं उसका भी अनुमान लगाना मुश्किल है। वह तो साधु प्रवृत्ति के इन्सान हैं, भगवान जाने क्या सोच कर लिखते हैं, मगर जो भी लिखते हैं उसमें भोगा हुआ सच साफ-साफ दिखायी देता है। कभी-कभी वह अपनी रचनाओं को मन्दिर में जा कर भगवान के आगे भोग भी लगाते रहते हैं। इतना ही नहीं बल्कि वह मेरी रचनाओं को भी सन्तों के बीच भजन की तरह सुना कर स्वयं और मुझे भी साधुवाद का पात्र बना देते हैं। मैंने उन्हें राष्ट्रीय एवं अन्तर्राष्ट्रीय मंचों पर रचनाएँ पढ़ते हुए और अपनी क़लन्दरी का जादू बिखेरते हुए कई बार देखा है। उनका परिवेश गीत, संगीत, भजन, ग़ज़ल का परिवेश है। बल्कि अगर यूँ कहें कि ये सारी बातें उनमें रची बसी हैं तो गलत न होगा। जिस बस्ती में उनको अपना माहौल मिल जाता है वह वहीं रुक जाते हैं, वरना...उठ देख मुसाफिर भोर हुई...कह कर चलते बनते हैं।

वह ऐसे प्रशासनिक अधिकारी हैं जिनके साथ अचल सम्पत्ति नहीं चलती इसीलिए आदेश के पालन में तनिक देर न हो। अपनी धुन में रहने वाला व्यक्तित्व जिसके पास कुल चल सम्पत्ति जो मैंने देखा है–

1. दो कपड़े की अटेचियाँ (जिसमें पुराने और नये ढंग के कपड़े होते हैं), 2. एक साउण्ड सिस्टम–जो उनके भजन गाने में काम आता है, 3. एक हार्मोनियम, 4. कुछ बहुमूल्य किताबें और कुछ खट्टी-मीठी यादें उनके साथ चलती हैं और यही कुल हैं डॉ. अखिलेश मिश्र की जीवनशैली के शृंगार।

चूँकि अखिलेश जी का दिमाग़ प्रशासनिक अधिकारी वाला है, इसलिए वह अपनी रचनाधर्मिता में दिमाग़ से नहीं बल्कि दिल से सोचते हैं, क्योंकि दिमाग़ और दिल के बीच कुर्सी आ जाती है और वह अपनी रचनाधर्मिता को 'कुर्सी

से उपजा हुआ साहित्य' नहीं बनाना चाहते हैं। वह अक्सर कहा करते हैं कि दिमाग़ कई घण्टों तक जिस विषय पर मुझसे बहस करता है उस विचार को दिल एक क्षण में खारिज कर देता है, मगर दिल से सोचने पर मुझे कुछ भी खारिज करने की आवश्यकता नहीं है। इन शब्दों के बीच मुझे डॉ. अखिलेश मिश्र की सोच प्रत्यक्ष रूप से दिखायी देती है। उनकी रचनाओं में भी यही वातावरण हर ओर से दिखायी देता है। वह दिल से लिखते हैं, दिल से गाते हैं, इसलिए उनकी रचनाओं का सीधा असर दिल पर होता है। उनकी रचनाओं की भाषा प्रचलित हिन्दी है, और ये वो हिन्दी है जो इतनी साधारण है जिसको सब समझ और बोल सकते हैं। इसीलिए उनकी रचनाओं के ट्रांसफॉर्मेशन में कोई कठिनाई नहीं होती। लखनऊ हो या लन्दन, दिल्ली हो या दुबई, माल्दा हो या जद्दा, करनाल हो या नेपाल डॉ. अखिलेश अपनी रचनाओं को एक समान मूड से सुनाते हैं और बीच-बीच में श्रोताओं के बीच उसकी व्याख्या भी ऐसे करते हैं जैसे ये उन्हीं का दर्द हो जिसको कविता बनाकर ये सुना रहे हैं। वो जब गाते-गाते रुक जायें और अपनी पंक्तियों के वास्तविक तथ्यों को श्रोताओं तक पहुँचाने लगें तो ये समझ लेना चाहिए कि ये डॉ. अखिलेश मिश्र नहीं बल्कि इनके अन्दर का 'अमर-कवि' बोल रहा है जो सिर्फ़ ईश्वर के अलावा किसी से नहीं डरता। ये हैं अखिलेश मिश्र—निर्भीक साहित्यिक चरित्र रखने वाला सामान्य व्यक्ति जिसके आगे संसार की मानवतावादी सभ्यता थोड़ी देर के लिए ही सही, श्रोताओं में ऐसी मानवीय संवेदनाओं को प्रवाहित कर जाती है जिसको ये देखकर कहना पड़ता है कि शायद आने वाले दिनों में मानवतावादी साम्राज्य स्थापित हो जायेगा। हम ऐसी रचनाओं की प्रशंसा और उसके द्वारा उद्गमित वातावरण की कल्पना मात्र से ही उल्लसित हो उठते हैं। ऐसा दृश्य मैंने अनेक बार उनको कविता पाठ करते समय देखा है। डॉ. अखिलेश मिश्र के लिए मेरे नज़दीक एक बड़ा ही समुचित शब्द—'बिन्दास' का प्रयोग यहाँ अत्यधिक प्रभावी लग रहा है। मैं ये कहता हूँ कि जो बात दिल से निकलती है उसमें साहित्यिक प्रवाह हो या न हो, मगर हमारी जीवन-शैली, हमारी सोच, हमारे परिवेश की साफ और सच्ची तस्वीर ज़रूर दिखायी देती है, जिसके आभास के लिए दिमाग़ नहीं, दिल चाहिए। और जब दिल किसी चीज़ को महसूस कर लेता है तो धर्म, जाति, भाषा, प्रान्त, संस्कार, सभ्यता, संस्कृति सब अपनी जगह धरे के धरे रह जाते हैं, वहाँ बस दिल की हुकमरानी चलती है। इसलिए मैं तो कहता हूँ कि डॉ. अखिलेश मिश्र जैसी सोच वाले यदि कुछ प्रशासनिक अधिकारी मिल जायें तो समाज में फैले हुए अमानवीय प्रदूषण को साहित्यिक दिशा देकर वातावरण को मानवीय संवेदनाओं से जोड़ा जा सकता

है। इसलिए डॉ. अखिलेश की रचनाओं को दिल से पढ़ा जाना चाहिए, दिल से सुना जाना चाहिए और दिल से ही उस पर लिखा भी जाना चाहिए क्योंकि ऐसे क़लन्दर मिज़ाज रचनाकार लाखों, हज़ारों में एक होते हैं। अन्त में डॉ. अखिलेश मिश्र के इस शे'र को ध्यान से पढ़ें जो उनकी रचनाधर्मिता को पूरी तरह कवर करता दिखायी देता है—

अजब सी बेख़्याली में तेरी गलियों में आया हूँ
इरादा कुछ नहीं है, बस चला आया हूँ मैं यूँ ही

ये 'यूँ ही' देखने में दो शब्द लगता है मगर, इनको समझने के लिए एक रचनाकार की दृष्टि से दो जीवन भी कम पड़ सकते हैं।

—डॉ. कलीम 'क़ैसर'
रहमत नगर, पो.—गीता प्रेस, गोरखपुर
मो. : 9415280897

क़लन्दर मिज़ाज रचनाकार...

इन्सान अपने किरदार और अपनी सोच की तह में बैठा होता है, जो कभी-कभी उसकी लेखनी, बोलचाल में उभर कर सामने आता है।

डॉ. अखिलेश मिश्र मेरी नज़र में उस फ़क़ीर की तरह है, जो हुक्म देने की स्थिति में होते हुए भी अपने आपको संयमित रख कर समाज सेवा में लगा रहता है। मैं उन्हें पिछले पन्द्रह सालों से अच्छी तरह जानता हूँ। वह 'भारतीय गणतन्त्र दिवस समारोह (भारत महोत्सव)' दुबई के कार्यक्रम में दो बार कवि/शायर की हैसियत से पधार चुके हैं। मुझे उन्हें बुलाकर ऐसा लगा ही नहीं कि मैं किसी प्रशासनिक अधिकारी को बुला रहा हूँ, बल्कि ऐसा लगा कि जैसे वह मेरे साहित्यिक परिवार के एक अभिन्न अंग हैं। उनकी शायरी की सहजता, उनके पढ़ने का अन्दाज़, श्रोताओं से उनकी भावनात्मक अभिव्यक्ति और बातचीत अपनी अलग पहचान कराती है। वह यहाँ दुबई में दोनों बार इन्हीं विशेषताओं के कारण लोकप्रिय रहे हैं।

पिछले दिनों मेरा लखनऊ जाना हुआ था। उनके विभाग की कोई विशाल प्रदर्शनी लगी हुई थी, उसमें उन्होंने एक कवि-सम्मेलन भी रखा था, जिसमें मैं भी शामिल था। उन्होंने मुझे बड़ी इज़्ज़तें दीं। दरअस्ल मुझे डॉ. अखिलेश जी को उस दिन और क़रीब से सुनना था, उस दिन उन्हें सुनकर ऐसा लगा कि पिछले सभी कार्यक्रमों में उनकी प्रस्तुति बहुत कामयाब रही है लेकिन उस दिन की प्रस्तुति आज तक मेरे दिल पर नक़्श है। उनकी रचनाएँ भी काफ़ी गम्भीरता की तरफ़ बढ़ती हुई दिखायी दीं और पढ़ने का अन्दाज़ बेहद मुतास्सिर कर रहा था। गम्भीर विषय को भी उन्होंने इतनी सहजता से अपने शेरों में डाल रखा था कि दिल से अपने आप वाह! निकल जाती थी।

हम छुपाते रहे, इश्क़ है—वो जताते रहे, इश्क़ है

इन दो मिस्रों में इन्सानी सोच को कितनी आसानी से कह दिया गया है। डॉ. अखिलेश की रचनाओं की यही ख़ूबी है, जिसे सुनकर लोग हैरत में पड़ जाते

हैं। ग़ज़लों की तरह उनके गीत भी बड़े मार्मिक और धार्मिक होते हैं, जो अपना असर देर तक बनाये रखते हैं।

डॉ. अखिलेश एक व्यक्ति ही नहीं बल्कि एक व्यक्तित्व बन चुके हैं। वह एक जिम्मेदार प्रशासनिक अधिकारी होते हुए भी कविता और शायरी के लिए हमेशा समर्पित रहते हैं और इसी बहाने उलझी हुई सोच को सुलझाने की पूरी कोशिश करते हैं। ये उनकी फ़ितरत में शामिल है। उनकी योग्यता और योगदान में बहुत ज़्यादा अन्तर नहीं है।

मुझे ज़ाती तौर पर ये ख़ुशी है कि उनके ग़ज़लों और गीतों की किताब 'यूँ ही...' समाज के लिए समर्पित होने आ रही है। मुझे यक़ीन है कि डॉ. अखिलेश मिश्र की ये किताब जुग्नुओं की बारात की तरह बहुत से ज़ेहनों को रौशनी देगी।

–सैयद सलाहुद्दीन

संस्थापक एवं मुख्य संरक्षक

'भारत महोत्सव', दुबई

सबकी नज़र में...

आर.पी. शुक्ल (आई.ए.एस., सेवानिवृत्त) : वैसे तो अखिलेश मिश्र की लेखनी पुरानी हो चली है, लेकिन पुस्तक के रूप में यह पहली कृति है। पुस्तक का नाम भी 'यूँ ही...' अपने आप में अनोखा है। निश्चय ही गीत, ग़ज़लों से सजी इस पुस्तक में उन रचनाओं का भी समावेश अवश्य होगा जिन्हें मैं श्री अखिलेश मिश्र के श्रीमुख से सुन चुका हूँ, जिन्हें सुनकर कभी मैं आनन्दित हुआ था। अब उनका आनन्द सर्वव्यापी होने जा रहा है।

किसी पुष्प की सुगन्ध कितनी भी मनमोहक क्यों न हो, अगर वायु का सहारा न मिले तो सुगन्ध को व्यापकता नहीं मिल सकती। एक पाठक यदि किसी दूसरे से उसकी चर्चा करता है तो उस कृति को विस्तार अवश्य मिलेगा। मुझे पूरा विश्वास है कि श्री मिश्र की पहली कृति 'यूँ ही...' हर किसी के दिल में यूँही अपना घर बना लेगी। डॉ. अखिलेश मिश्र को बधाई एवं शुभकामनाएँ।

ए.के. सिंह राठौर (आई.ए.एस., सेवानिवृत्त) : मुझे यह जानकर अत्यन्त हर्ष का अनुभव हो रहा है कि डॉ. अखिलेश मिश्र अपनी रचनाओं का संग्रह शीघ्र प्रकाशित कराने जा रहे हैं। डॉ. मिश्र से मेरा परिचय अलीगढ़ की नुमाइश में आयोजित कवि-सम्मेलन में हुआ था और वहीं उनका रचना पाठ भी सुना था।

प्रस्तावित संग्रह की कुछ रचनाएँ पढ़ने का अवसर डॉ. मिश्र द्वारा उपलब्ध कराया गया। उनकी रचनाओं को पढ़ने से यह स्पष्ट होता है कि वे प्रेम और मानवीय संवेदनाओं के कवि हैं। प्रीति-रस में रंगी हुई उनकी रचनाएँ उनके मन की प्रेम-पीर का शपथ पत्र होने के साथ ही अनुभूति एवं व्यंजना की सहजता से भी लबालब हैं। वे समाज की विद्रूपता तथा व्यवस्था पर भी चोट करते हैं।

मुझे विश्वास है कि डॉ. अखिलेश मिश्र का यह संग्रह 'यूँ ही...' साहित्यिक अभिरुचि रखने वाले पाठकों को पसन्द आयेगा।

डॉ. सुरेश अवस्थी (व्यंग्यकार) : डॉ. अखिलेश मिश्र की काव्यकृति का नाम भले ही 'यूँ ही...' हो पर वह काव्यधर्मिता में यूँही नहीं। वह नये-नये विचारों

पर शोध करते हैं। कविता की कोई भी विधा, गीत, ग़ज़ल, मुक्तक और शे'र रचने में उनकी समाज के प्रति संवेदनाएँ इस क़दर फलीभूत होती हैं कि पढ़ने और सुनने वाले बरबस वाह! कर उठते हैं। डॉ. मिश्र को सुनने और पढ़ने में यह महसूस होता है कि प्रशासनिक पद की व्यस्तताओं से जूझते हुए भी उनके भीतर का संवेदनशील कवि खुद से रूबरू होता रहता है और उन्हें कविता के माध्यम से समाज के सच को बयान करने की शक्ति प्रदान करता है। उनकी कविताओं की भाषा आडम्बरों से मुक्त, जनसामान्य की भाषा है, जो कविता को और सामर्थ्यवान, प्रभावी और सहजग्राह्य बनाती है।

'यूँ ही...' के कृतिकार आगे भी यूँही काव्य रचना करते रहें, हम सब उन्हें यूँही पढ़-पढ़ कर और सुनकर आनन्दित होते रहें और यूँही साहित्यकोश की सम्पदा की श्रीवृद्धि होती रहे। मेरी उनके प्रति अनन्त शुभकामनाएँ।

डॉ. विष्णु सक्सेना (गीतकार) : 'यूँ ही...' बहुप्रतीक्षित डॉ. अखिलेश मिश्र का गीत-ग़ज़ल संकलन आपके हाथों में है। जैसे रचनाकार की सहजता है, वैसी ही सहज रचनाएँ हैं। मुझे विश्वास है, पाठक को तनाव मुक्त करके ये रचनाएँ उसे भी सहज बनायेंगी। प्रिय अखिलेश जी को उनके प्रथम ग़ज़ल संग्रह 'यूँ ही...' के प्रकाशन पर बहुत-बहुत बधाइयाँ...।

मालिनी अवस्थी (लोक गायिका) : अखिलेश मिश्र जी को मैं जब से ज़ानती हूँ, सहृदय हैं और संवेदनशील भी। रचनाकार होने के लिए यही दो अनिवार्य शर्तें हैं। मैं उन्हें बधाई देती हूँ कि उन्होंने व्यस्त सरकारी दिनचर्या में भी सृजन के महत्त्वपूर्ण क्षण निकाले हैं और अब यह एक पुस्तक के रूप में आप सबके अवलोकनार्थ प्रस्तुत है। मैं श्री अखिलेश जी को हृदय से शुभकामनाएँ देती हूँ।

एहतेशाम सिद्दीक़ी (ज़ी-न्यूज़, मीडिया, लखनऊ) : 'यूँ ही...' आप अपनी ग़ज़लों की तरह महकते रहें...अफ़सरशाही के साथ ग़ज़ल शाही का शौक़ आपको कामियाबी के शिखर तक पहुँचाये...

आपके ग़ज़ल-गीत की पहली किताब के प्रकाशन को तहे दिल से मुबारकबाद।

एस.के. सिंह (आई.ए.एस) : डॉ. अखिलेश मिश्र से मेरी दोस्ती लगभग दो दशक पुरानी है। इस बीच उन्हें बतकही के दौरान गोष्ठियों और कवि-सम्मेलनों में सुनने का मौक़ा मिला है। उनकी कविता एवं ग़ज़लें समसामयिक और सन्देशपरक होती हैं। मैं 'यूँ ही...' के प्रकाशन और उसकी सफलता की शुभकामना करता हूँ।

ए.एन. उपाध्याय (आई.ए.एस) : अखिलेश जी लोकधर्मी रचनाकार हैं। उनकी रचनाओं को पढ़कर यह स्वतः लगने लगता है कि ये संवेदनशील मन के

धनी हैं। मैं यह कामना करता हूँ कि इनकी लेखनी बृहत्तर लोकमंगल की सेतु बने...शुभकामनाओं सहित...!

लक्ष्मीनारायण शर्मा (राजस्थान पत्रिका) : एक प्रशासनिक अफसर के तौर पर अखिलेश मिश्र, मिलनसार स्वभाव के कारण लोकप्रिय रहे। उनकी रचनाओं में सरलता, सहजता और रोज़मर्रा के अनुभव देखने को मिलते हैं। कई बार वे आपके सामने हो रही किसी घटना को बेहद बारीकी से अपनी रचना का हिस्सा बना लेते हैं। अखिलेश जी को ढेरों शुभकामनाएँ....!

अरविन्द त्रिपाठी (कानपुर) : यूँ तो 'यूँ ही...' का कोई मान्य नहीं, बल्कि इसे शून्य माना जा सकता है। प्रत्येक जीवन का अन्तिम लक्ष्य इसी शून्य के रहस्य की खोज है, किन्तु जीवन के विभिन्न पहलुओं और सारांश को इसी शून्य में खोजने की कला की वैज्ञानिकता को आसान शब्दों में पिरोने का काम इस काव्य संकलन में किया गया है। प्रशासनिक दायित्वों और कर्तव्यों के निर्वहन के साथ-साथ सूफ़ियाना जीवनशैली अपना कर निर्लिप्त रहने वाले डॉ. अखिलेश मिश्र द्वारा रचित प्रथम प्रकाश्य काव्य संग्रह 'यूँ ही...' को सफलता की हार्दिक बधाई...!

डॉ. ध्रुवेन्द्र भदौरिया (कवि) :

अक्षर-अक्षर दे रहा अनुरागी सन्देश
रहे उर्जित लेखनी, अमर रहो अखिलेश

दीपू सिंह चौहान : सर्वप्रथम बधाई आपको, विगत कई महीनों से अस्वस्थ हूँ, मोबाइल प्रयोग करना मना है। पर आपकी खुशी में शरीक होने के लिए, आपकी पुस्तक के सम्मान में कुछ लाइनें भेज रही हूँ।

है आसपास महकी हवाओं की तरह
यूँ ही गूंजती है ज़ेह्न में सदाओं की तरह
करता है दिल सलाम, इसके ज़ेर व ज़बर को
हर एक लफ़्ज़ लगता है, दुआओं की तरह
बधाई के साथ सम्मान में सादर समर्पित।

प्राची गंगवार (आई.ए.एस) : आप अवाम की ख़िदमत कर सकते हैं, गीत और ग़ज़ल की क्यों नहीं...प्रथम प्रकाशन पर मेरी अनेक-अनेक शुभकामनाएँ हैं। आपका इक़बाल बुलन्द होता रहे...यूँ ही...!

श्रीधर तिवारी (अध्यक्ष अ.भा. भाषा साहित्य सम्मेलन) : प्रशासनिक सेवा की ज़िम्मेदारियों का सम्यक निर्वहन करते हुए, साहित्य सेवा के लिए समय निकालना आसान नहीं होता, लेकिन मेरे प्रिय मित्र श्री अखिलेश मिश्र जी ने यह साबित कर दिया कि जहाँ चाह हो, वहाँ राह निकल ही आती है।

आपकी आने वाली पुस्तक 'यूँ ही...' के लिए ढेरों शुभकामनाएँ देते हुए मैं स्वयं गौरव का अनुभव कर रहा हूँ। ईश्वर आपकी कृति को अधिक से अधिक साहित्य प्रेमियों तक पहुँचाये।

पवन गंगवार (पी.सी.एस.) : गूढ़ सन्देश अल्प शब्दों में व्यक्त करना अद्वितीय एवं प्रेरणादायक है, जो अनायास विचारों का बीजारोपण कर आन्दोलित करते हैं...बस यूँ ही...!

जयशंकर मिश्र (पी.सी.एस., सेवानिवृत्त) : आदरणीय मिश्र जी, अति प्रसन्नता व गौरव की अनुभूति हो रही है कि आपकी कविताएँ सुनने के साथ ही पढ़ने के लिए पहली पुस्तक का प्रकाशन होने जा रहा है, मुझे विश्वास है कि यह पुस्तक हिन्दी साहित्य की एक मज़बूत कड़ी साबित होगी।

अनुक्रम

वन्दना

वीणा...........
हर ले मन की पीड़ा

कमल श्वेत शोभित श्वेताम्बर
स्वर्ण मुकुट स्वर्णिम आभूषण
सुर लय ताल सदा करते हैं
तेरे आँगन क्रीड़ा
वीणा...........

कमलासन पद्मासन आसन
माँ कितना आकुल मेरा मन
कृपा दृष्टि की वृष्टि मनोरम
कर साहित्य प्रवीणा
वीणा...........

उसके आने का...

उसके आने का इन्तज़ार करो,
तुम भी अश्कों का कारोबार करो
उसके आने का......................

हाथ में मेहँदी लगा लो फिर से
सुर्ख हाथों से मुझे प्यार करो
उसके आने का......................

मुझको छूकर के खा लो झूठी कसम
इश्क़ इज़हार एक बार करो
उसके आने का......................

पहले ख़ंजर पे सान तो रख लो
और फिर मेरे दिल पे वार करो
उसके आने का......................

खुदकुशी करने की कोशिश तो करो
मौत का कुछ तो एतबार करो
उसके आने का......................

भटकन

जीवन की आपाधापी में,
वो पाप कमा कर लाया है
ढलते यौवन में रोने को,
सन्ताप कमा कर लाया है

सबको चाहूँ इस, चाहत में,
कब क्या खोया, कब क्या पाया
सब पाने की अभिलाषा में,
वो श्राप कमा कर लाया है

इक पल में हार गया जीवन,
इक सुख से हार गया सावन
भीगे सावन में जलने का,
अभिशाप कमा कर लाया है

मत पत्थर मारो, घृणा करो,
उसकी सुन लो उससे सीखो
जीवन रेखा पर यौवन का,
परिमाप कमा कर लाया है

मौत

थक न जाये तुझे मनाने में
क्या मिला तुझको रूठ जाने में

सारा मातम अकेले माँ रोयी
बेटी मशगूल चुप कराने में

आग रुक-रुक के सुलगती ही रही
अश्क जलते रहे बुझाने में

बेटी गुम-सुम, जब नहीं रोयी
माँ भी रोयी उसे रुलाने में

वैसे तो तुम क़रीब हो फिर भी
तुमको ढूँढ़ा किया ज़माने में

ज़िन्दगी जी ही लेंगे बिन तेरे
रोज़ मरते तुझे भुलाने में

वो है विधवा अमर सुहागन सी
शान है उसकी ये ज़माने में

दर्द आँखों से बह के निकले हैं
रोना पड़ता है मौत गाने में

याद...

रात का आख़िरी पहर आया
याद फिर मुझको हमसफ़र आया

दरो दीवार सज़दा करते हैं
अजनबी कौन मेरे घर आया

डर के मैंने बुझा दिये थे चराग़
वो अँधेरों में भी नज़र आया

ये अलग बात है कि ज़िन्दा हूँ
मेरे हिस्से में था ज़हर आया

पूछती दस्तकों से तन्हाई
कौन है भूल से इधर आया

कानाफूसी में बातें होने लगीं
जब नया कोई राहबर आया

प्यासे होंठों को शबनम दे दो

प्यासे होंठों को ये करम दे दो
मैं बहुत ख़ुश हूँ, थोड़ा ग़म दे दो

रफ़्ता-रफ़्ता हो, मीठा-मीठा हो
रंज दो ऐसे, वो अलम दे दो

मुझको मैख़ाना मय, ओ साक़ी दो
बादशाही उसे हरम दे दो

उम्र भर पीता रहा महँगी शराब
अब ग़रीबी है लाओ रम दे दो

मैं तुम्हें फूल सा बना दूँगा
बस मेरे हाथ में क़लम दे दो

उम्र भर यूँ ही काट लेगा 'अखिल'
कोई झूठी सी इक क़सम दे दो

टूटा आईना

अश्क गालों पे सूख जाते हैं
देर तक वो मुझे रुलाते हैं
अक्स टूटा है या है आईना
हम तो टुकड़ों में नज़र आते हैं

रात आती है नींद आती नहीं
सो गयी रात हम जगाते हैं
रोज़ आ जाते हो तुम यादों में
रोज़ हम फिर तुम्हें भुलाते हैं

साथ अपने तो कोई आता नहीं
साथ हम सबके चले जाते हैं
हमने पूछा तो कोई बोला नहीं
बिन सवालों के हम बताते हैं

ख़त कोई, ना कभी भेजे हैं हमें
औ जवाब हम तो लिखे जाते हैं
खुदकशों को तो मौत मिलती नहीं
ज़िन्दा बेवक़्त मरे जाते हैं

ग़लतफ़हमी

दिल दुखाने की ज़रूरत क्या है!
याद आजाने की आदत क्या है!
दिल दुखाने...

मुझको जीने दो ग़लतफ़हमी में
न जताओ कि हक़ीक़त क्या है!
दिल दुखाने...

डूब कर इश्क़ में पिया मैंने
इससे पाकीज़ा इबादत क्या है!
दिल दुखाने...

भूखे आँचल में तड़पती ममता
या ख़ुदा तेरी ये रहमत क्या है!
दिल दुखाने...

बेटे सब उसकी मौत पर आये
सबने पूछा कि वसीयत क्या है!
दिल दुखाने...

इतनी हलकी तो है मेरी मैयत
इतने काँधों की ज़रूरत क्या है!
दिल दुखाने...

जश्न-ए-ग़म

जश्न-ए-ग़म मैं भी मना लूँ तो चलूँ
ख़त मुहब्बत के जला लूँ तो चलूँ

जिसने ये ग़म दिया वो अपने थे
बात ग़ैरों से छुपा लूँ तो चलूँ

मेरा क़ातिल बहुत ही नादां है
क़त्ल के दाग़ मिटा लूँ तो चलूँ

चाँद भी ज़ार-ज़ार रोता है
थपकियाँ दे लूँ, सुला लूँ तो चलूँ

आज फिर से तुम्हारी याद आयी
आज फिर तुझको भुला लूँ तो चलूँ

वो जो मेरे कफ़न में सोता है
दोस्त मेरा है जगा लूँ तो चलूँ

तुमको चाहूँ कैसे...

इस ज़माने को जलाऊँ कैसे
तुझको चाहूँ भी तो चाहूँ कैसे
इस ज़माने को..............

वो जो सोया है क़ब्र में मेरी
दोस्त है मेरा जगाऊँ कैसे
उसके पहलू में छुपा है ख़ंजर
बढ़के सीने से लगाऊँ कैसे

भीगा दामन है मेरा अश्कों से
रोते बच्चों को हँसाऊँ कैसे
क़त्ल जब करके रो पड़ा क़ातिल
उसपे इल्ज़ाम लगाऊँ कैसे

रात गुज़री जो मुझपे घर में तेरे
लोग पूछे हैं, बताऊँ कैसे
इस ज़माने को..............

मिलन

मेरे आगोश में तुम्हारा तन
साँस थम जा कि हो रहा है मिलन

इतना नाजुक नहीं कि टूटेगा
और कस लो कि मचलता है बदन

खोल दो जुल्फ़ बिखर जाने दो
फैले खुशबू तो महक जाये गगन

आग लगने दो जलने दो बिस्तर
होंठ से होंठ पे लगी है अगन

क्या हुआ! आँख क्यों है भर आयी
कितना मोहक है, तृप्ति का ये रुदन

दिल की रिश्तों से दुश्मनी देखो
जो है प्यारा, वही नहीं है सजन

तवायफ़

रात जो तेरा दीवाना होगा
सुबह वो फिर से बेगाना होगा
उजले आँचल पे दूध के धब्बे
कैसा बेदर्द फ़साना होगा

अब अँधेरों में ऐसे जीना है
दर्द हँस-हँस के रोज़ पीना है
सिसकियाँ मौन थाप देती हैं
अश्क़ को गीत सुनाना होगा

अक्स आईने में नहीं आता
कितना बेशक्ल वो हुआ जाता
कैसे अब ज़ुल्फ़ सँवारेगा जब
आईना इतना अनजाना होगा

आबरू क़त्ल हो गयी तन की
रूह जलती रही मगर मन की
कितना पाकीज़ा फिर भी है दामन
सजदे में तेरे ज़माना होगा

काश वो दिन भी आ ही जाये रब
एक फ़रिश्ता कोई आ जाये जब
वो है पत्थर तो तराशे उसको
ये इबादत का बहाना होगा

हो जाए

ज़ुल्फ़ लहराओ कि शाम हो जाए
बज़्म में क़त्ले-आम हो जाए

आज साक़ी को पिला देते हैं
काम उसका तमाम हो जाए

लाश हमलाश की गवाही दे
कुछ तो क़ातिल का नाम हो जाए

फ़ैसला हो कि फाँसी मुंसिफ़ को
मुजरिमों को इनाम हो जाए

क़ब्र में नींद आएगी कैसे
मौत के पहले जाम हो जाए

हरजाई

रंजिशें कम न करो ये तो बेवफ़ाई है
दुश्मनी तेरी मुझे रास बहुत आयी है

बरसती रात में धुआँ सा उठे है कैसे
बुझी चिता में ये किसने ली अँगड़ाई है

ज़िक्र महफ़िल में तबाही का मेरी चल निकला
कौन रोया, ये किसकी आँख छलक आयी है

तेरे जलवों के बड़े चर्चे हैं इस महफ़िल में
कहूँ तो किससे कहूँ तू बड़ा हरजाई है

ग़ज़ल में इतना नशा पूछो कहाँ से आया
जिगर के, ख़ून के तासीर की दुहाई है

तुम हो

माना कि नहीं अधिकार मुझे
फिर भी दुश्मन से प्यार मुझे

तुम अँगड़ाई हो यौवन की
तुम अमराई हो सावन की
तुम कमसिन हो, तुम नादां हो
आकर छू लो इक बार मुझे

उच्छृंखल चंचल सा चुम्बन
तुम सुप्त हृदय पर रख देना
इन जहरीले अधरों से भी
बोलो कब है इनकार मुझे

तुम मेरा वध कर सको, करो
तुम मेरा शीश काट लेना
पर शीश झुकाने को न कहो
इतना तो नहीं अधिकार तुझे

तहरीरे-वसीयत

आज कुछ ऐसी है नासाज़ तबीयत यारो
दर्ज कर लो मेरी तहरीरे-वसीयत यारो

रहगुज़र कोई जो पूछे कि है मैयत किसकी
नाम बतलाना उसे मेरा मोहब्बत यारो

मैं सिकुड़ के भी जनाज़े में सो जाऊँगा
है कफ़न की बड़ी बाज़ार में क़ीमत यारो

दर्दे-नश्तर से तड़प के मैं चीख़ता कैसे
टूट जाती मेरे क़ातिल की तो हिम्मत यारो

नाम तेरा भी ज़माने को मैं बतला जाता
मगर अच्छी नहीं कुछ बज़्म की नीयत यारो

मेरी दौलत से ख़रीद लेना साग़र ओ शराब
ऐसे पीना जैसे करते हों इबादत यारो

होगा अब...

ज़िक्र तेरा ज़रूर होगा अब
आईना चूर-चूर होगा अब

रफ़्ता-रफ़्ता जवां वो होने लगे
सोचो कितना गुरूर होगा अब

ख़त शहादत का आया सरहद से
किसका धुलता सिन्दूर होगा अब

क़त्ल भाई करेगा भाई को
रिश्ता भी कितना क्रूर होगा अब

वक़्त उसका ख़राब आया है
साया भी दूर-दूर होगा अब

प्यारी दुल्हन चली है बनने माँ
कैसा चेहरे पे नूर होगा अब

भूखे बच्चों को मौत आती नहीं
क़हर बरपा ज़रूर होगा अब

द्वन्द्व

अवसाद मेरा क्यों जीवन है
क्यों कुम्हलाया सा यौवन है
क्यों जीवन से मैं विरत हुआ
क्यों फाँसी सा आलिंगन है

चाहो कह लो तुम इसे ख़ता
ये है जीवन की करुण व्यथा
मैं फँसा हुआ हूँ जुल्फ़ों में
पर बटा हुआ सा सावन है

मन मन्दिर में है लगा हुआ
तन तेरा है मधुशाला में
मदिरा सिंचित पुष्पों से ही
प्रभु का होता अभिवादन है

यह राज मुझे जी लेने दो
बस आज मुझे जी लेने दो
कल गुज़र गया कल आयेगा
जीवन सोचों का उलझन है

लरजिश

अश्क आँखों में थाम लेता है
अब तो कम कम वो जाम लेता है
क़त्ल का उसके है सलीक़ा अजब
सिर्फ़ नज़रों से काम लेता है

लुत्फ़ तेरे तक़ाज़े में इतना
कर्ज़ वो सुब्हो-शाम लेता है
वैसे वो सिर्फ़ मेरा दुश्मन है
कैसे हँसकर सलाम लेता है

उसके होंठों पे होती है लरजिश
जब भी वो मेरा नाम लेता है
रिंद कोई न आयेगा कल से
साक़ी तू दूना दाम लेता है

साक़ी

वैसे तू लाजवाब है साक़ी
तेरी नीयत ख़राब है साक़ी

सिर्फ़ मय से कहाँ नशा होगा
कुछ मिला दे शराब है साक़ी

होंठ छू लेने को मचलती है
कितनी प्यासी शराब है साक़ी

इश्क़ हो जाये ना मुसाफ़िर से
टूट जायेगा ख़्वाब है साक़ी

वो पियेगा तो दाम क्या देगा
वो तो आली-जनाब है साक़ी

ख़ुद को नीलाम कर रहा हूँ मैं
तेरा कितना हिसाब है साक़ी

प्यासे रिन्दों ने ली है अँगड़ाई
ये बड़ा इंक़लाब है साक़ी

02 अक्टूबर

आज़ाद देश है, काम बहुत है
क्यों वक़्त अपना बर्बाद करें
गाँधी तुमको क्यों याद करें

तुम सत्य, अहिंसा के प्रहरी
हम झूठ से काम चलाते हैं
काँटों के बदले फूल नहीं,
हम शूल से काम चलाते हैं
दादा परदादा की रंजिश
क्यों ख़त्म भला औलाद करें

तुम राम-रहीम की बात करो
हम मन्दिर-मस्जिद जाते हैं
अल्लाह बड़े कि राम बड़े
ताजिये जुलूस सजाते हैं
लाशों से लाशों का हिसाब
हो जाये तो संवाद करें

तुम मद्य-निषेध की बात करो
अब घर-घर में है मधुशाला
सादी धोती तुमने पहनी
खादी में छुपे अब धन काला
जिसको जितना वोट मिले
वो उतना ही उत्पात करे

फिर कोई गाँधी आयेगा
तेरा सन्देशा लायेगा
मानव मन में मानवता का
कोई तो अलख जगायेगा
तुम पुनर्जन्म लेकर आओ
ये गीत मेरे फरियाद करें
गाँधी तुमको हम याद करें

फाँसी

अब अदालत में खड़ी मूरत रुआँसी हो रही है
अब कहाँ इस मुल्क में क़ातिल को फाँसी हो रही है

अब नहीं महफ़ूज़ मस्जिद घर में ही पढ़ लो नमाज़
मन्दिर-ओ-मस्जिद में भी जामा तलाशी हो रही है

इस धमाके में मरे जो हिन्दू है या मुसलमाँ
लाश की गिनती भी अब कितनी सियासी हो रही है

यूँ तो नंगे हम सभी हैं पर कसर इतनी सी है
आईने को देखने में कुछ हया सी हो रही है

प्रवचनों में गुरुजी के, शेख़ की तकरीर में
मज़हबी चट्टान पर खंजर तराशी हो रही है।

बच गये मासूम बच्चे, जाने क्या किरिया करम
दो दिनों से चीर घर में, लाश बासी हो रही है।

काली है रात

काली है रात, तुम चले आओ
उसपे बरसात, तुम चले आओ

भीगा सावन जलाता रहता है
भीगी हर रात, तुम चले आओ

एक पल, एक घड़ी, एक पहर
इक मुलाक़ात, तुम चले आओ

प्यासे होंठों को, प्यास होंठों की
प्यासे जज़्बात, तुम चले आओ

रूह की सलवटों पे बाक़ी हैं
कुछ सवालात, तुम चले आओ

अहिंसा परमोधर्मः

मिटेंगे जीवन के संशय
मृत्यु से भी न होगा भय
मैं भी बोलूँ, तुम भी बोलो
महावीर की जय!

जीने दो और जी भर जी लो
प्यार पवित्र है, अमृत पी लो
ताल से ताल मिले जीवन में
मिलेगा लय से लय

हिंसा पाप बहुत भारी है
निश्चित जीवन की पारी है
कौन नींद से कल जागेगा
सब पहले से तय

त्याग से बड़ी नहीं है कमाई
छूटेगी सब पाई पाई
टूटा सपना हाथ मलेगा
सूरज होगा उदय
...मिटेंगे जीवन के संशय

बेटियाँ

चंपा हरसिंगार बेटियाँ
खुशबू का संसार बेटियाँ

घर की शोभा दूनी करती
आँगन का शृंगार बेटियाँ

बेटे जन्म भले ही लेते
लेती हैं अवतार बेटियाँ

आँधी औ तूफान हैं बेटे
शीतल मन्द बयार बेटियाँ

कर शृंगार पिया घर जायें
अश्रु समन्दर पार बेटियाँ

कन्यादान तो पुण्य बड़ा है
करती हैं उद्धार बेटियाँ

जीने दो मुझको मत मारो
कोख से करें गुहार बेटियाँ

सरोकार

रोटी खरीद लाया है, ईमान बेचकर
घर में बचा था बस यही सामान बेचकर

गुमटी उठा के ले गयी है नगर पालिका
आया था शहर गाँव की दुकान बेचकर

छोटू की पढ़ाई को, अम्मा की दवाई को
नाचे है तवायफ़ कई अरमान बेचकर

अब्दुल्ला बुखारी हों, ठाकरे या तोगड़िया
करते हैं सियासत खुदा-भगवान बेचकर

अख़बार ख़रीदो सभी रद्दी में बिकेगा
धन्धे में उतरे लोग क़लमदान बेचकर

मुंशी, वकील, अहलमद, हाकिम औ पेशकार
हिस्सा बँटेगा सबमें फ़रमान बेचकर

चिट्ठी तो लिख दिया है, पता क्या लिखे बिटिया
बाबुल ने शादी कर दिया मकान बेचकर

ज़माना

किसी बात का मत बुरा मान जाना
अभी जाने क्या-क्या कहेगा ज़माना

बहुत काम है इश्क़ में दिल को यारो
ये रोना-रुलाना, ये हँसना-हँसाना

है जन्मों से अपनी कहानी अधूरी
तुझे पा के खोना, तुझे खो के पाना

अदा है तेरी रूठ जाने की लेकिन
अगर रो पड़ूँ मैं, तो फिर मान जाना

नवाज़ा है कितने ख़िताबों से मुझको
मैं मजनूँ, मैं आशिक़, मैं पागल, दीवाना

अच्छा नहीं था

रवैया तो तेरा अच्छा नहीं था
मगर तुझसे कोई शिकवा नहीं था

वो तेरा था मगर तेरा नहीं था
तू मेरा था मगर, मेरा नहीं था

तेरा परिचय कराये ग़ैर मुझसे
ये होगा, ये कभी सोचा नहीं था

मयस्सर तू मुझे होता भी कैसे
सलीक़े से तुझे चाहा नहीं था

जिसे पाला था, टुकड़ा था जो दिल का
जनाज़े में वही काँधा नहीं था

मुझे ये बात पहले से पता थी
मैं तेरा था, तू ही मेरा नहीं था

कि जब तक तैरना आता था मुझको
तेरी आँखों में मैं डूबा नहीं था

फ़रेब खाया है

जब किसी से फ़रेब खाया है
तू मुझे याद बहुत आया है

माँ को दस्तक से यूँ लगा जैसे
बेटा इस बार लौट आया है

शिकवा अब हादसों का मत कीजे
क्या मुहब्बत को आज़माया है

जाइये बरगलाइए दिल को
आपका दिल हमीं पे आया है

कुछ न कुछ हादसा ज़रूर हुआ
जब भी वो शख़्स मुस्कुराया है

मैं बड़ी मुश्किलों में था उस दम
जब वो मेरे क़रीब आया है

मैं सुनूँगा...

इक प्रणय का गीत गाओ, मैं सुनूँगा
तुम ग़ज़ल कोई सुनाओ, मैं सुनूँगा

एक अनबुझ सी पहेली, हस्त रेखा
भाग्य या दुर्भाग्य कब किसने है देखा
अनकहा सुन सुन तुम्हें अपना लिया था
अनलिखा पढ़ता रहा मैं बही-लेखा
अंतरा फिर से उठाओ, मैं सुनूँगा
तुम ग़ज़ल कोई सुनाओ, मैं सुनूँगा

भर पलक, सदियों से मैंने नीर ढोया
मुस्कुराते बिम्ब का प्रतिबिम्ब रोया
जागती आँखों से जो प्रत्यक्ष पाया
भोर जागी नियति की, तो स्वप्न खोया
पीर सब सुर में सजाओ, मैं सुनूँगा
तुम ग़ज़ल कोई सुनाओ, मैं सुनूँगा

जानता हूँ, तुम बहुत कुछ कह न पाये
अश्रु मेरे वक्ष पर टिक, बह न पाये
एक कोलाहल लिए आये थे, लेकिन
भार शब्दों का अधर पर, सह न पाये
मौन स्वर में गुनगुनाओ, मैं सुनूँगा
तुम ग़ज़ल कोई सुनाओ, मैं सुनूँगा

उठो उर्मिला...

(लक्ष्मण का उर्मिला के शयन कक्ष में प्रवेश, आकाशवाणी का होना)

उठो उर्मिला, सूर्यवंश का लखन, तेरे अभिनन्दन में है
अनुज धर्म की ध्वजा त्याग कर, शीश नवाये वन्दन में है
अंगपाश, निद्रा देवी का त्याग, उठो न! सुबह हो गयी
वर्षों पहले प्रणय नींद में, विरह की चूनर ओढ़, सो गयी
संयम है, सिन्दूर में तेरे पर कोलाहल, चन्दन में है
उठो उर्मिला, सूर्यवंश का लखन, तेरे अभिनन्दन में है
नूतन प्रणय, करो परिभाषित, पारण पीर का, करो सुनयना
स्वप्न लोक से, विदा माँग लो, बीत गयी सब, काली रैना
प्रीत जोहती, बाट तुम्हारी, भरे प्रेम-जल, नयनन में है
उठो उर्मिला, सूर्यवंश का लखन, तेरे अभिनन्दन में है
प्रेम पयोनिधि, पतिव्रता की पावनता पर पुरुष मौन है
सृष्टि की रचनाओं में उर्मिला, तुमसे उत्तम भला कौन है
क्षिति, जल, पावक, गगन, प्रकृति सब, आज तेरे अभिनन्दन में है
उठो उर्मिला, सूर्यवंश का लखन, तेरे अभिनन्दन में है

इश्क़ है

हम छुपाते रहे इश्क़ है
वो जताते रहे इश्क़ है

कैसे कह दूँ कि अब ज़िन्दगी में
और कोई कमी ही नहीं है
हो के भी जो न मेरे हुए
वो ही भाते रहे इश्क़ है

जाने है मुझमें कोई कमी
या मुहब्बत की रानाईयाँ
जाने क्यों वो मुझे उम्र भर
आज़माते रहे इश्क़ है

इत्तेफ़ाक़न ग़ज़ल के किसी
शे'र में नाम उनका भी था
बस उसी शेर को उम्र भर
गुनगुनाते रहे इश्क़ है

महफ़िलों में नज़र आपकी
यूँ झुकी की झुकी रह गयी
कनखियों से मिलीं कनखियाँ
मुस्कुराते रहे इश्क़ है

जो मिले न हमें फिर कभी
हमने लिख दी उन्हें ज़िन्दगी
मेरी यादों की महफ़िल में वो
आते-जाते रहे इश्क़ है

माँ और तुम

जब मेरी माँ की भाँति मुझे चाहोगी
तब मेरे अन्दर छुपा पुत्र पाओगी

चन्दा की लोरी सुन-सुन बचपन से मैं सोया हूँ
काली रातों में तुम बिन छुप-छुप के मैं रोया हूँ
जब खींच अमावस से चन्दा को पूनम तक लाओगी
तब मेरे अन्दर.................

माँ मुझे उठा लेती थी अंकपाश में झुक कर
मैं प्रेम सुधा रस पाता अंग पाश में छुप कर
जब अंग पाश में अंक पाश का प्रेम लिए आओगी
तब मेरे अन्दर.................

तुम यौवन बन आयी हो छम-छम मेरे जीवन में
पर बालक अब भी खेले ममता के उस आँगन में
जब छन्द प्रणय के प्यारे, लोरी के स्वर गाओगी
तब मेरे अन्दर.................

मेरे सुर में अम्मा की, गँवई कजरी की लय है
ममता के स्वर व्यंजन में, यौवन का भी अवयव है
जब एकल स्वर में मेरे, माँ का स्वर पा जाओगी...
तब मेरे अन्दर.................

काली दिवाली

जिसकी झोली हो खाली वो कैसे मनाये दिवाली

पिछले बरस लेकर उधार, जितने थे दिये बनाये
बाज़ारी इस चकाचौंध में सारे बिक न पाये
पूरे बरस बुढ़िया ने सुनी है साहूकार की गाली
वो कैसे मनाये दिवाली?

फिर इस बार उसी नुक्कड़, बूढ़े बरगद के नीचे
दिये सजा जा बैठी है बूढ़ी आँखों को मींचें
कभी खड़ी हो, कभी हो बैठी, कभी बजाए ताली
वो कैसे मनाये दिवाली?

हर आने-जाने वाले को बारम्बार पुकारे
दिये दिखाये, दाम बताये कातर नयन निहारे
चीन से रोज़ लड़ाई लड़ती, बुढ़िया भोली-भाली
वो कैसे मनाये दिवाली?

जब बाज़ार को जाना हो, इतना तो करना यारो
दिये खरीद लें बुढ़िया के थोड़ा तो बोझ उतारो
एक दिया उनका भी जलाओ, जिनकी दिवाली काली
वो कैसे मनाये दिवाली?

ताज की नींव से

ताज की नींव से रिस रहीं सिसकियाँ
कुछ कटे हाथ हैं, कुछ कटी उँगलियाँ

हर जुबां मज़हबी कितनी क़ातिल हुई
चन्द तक़रीरों से जल उठीं बस्तियाँ

मुफ़लिसी मुँह चिढ़ाती कुबेरों को है
रेत पर ज़िन्दा रहने लगीं मछलियाँ

तपती धरती को सावन दग़ा दे गया
सूखे दरिया में ठहरी रहीं कश्तियाँ

बज़्म में ख़ून से कुछ रंगे हाथ हैं
उजले कपड़ों में वे हैं बड़ी हस्तियाँ

जब किनारों पे कब्ज़ा हुआ, चुप थे सब
शोर उट्ठा, जो ढहने लगीं बस्तियाँ

बचपनों की किताबों में मिल जाती हैं
तेरे ज़िद में जो पकड़ी थीं वो तितलियाँ

हस्त रेखाएँ

नित नये संवाद करतीं हस्त रेखाएँ
नियति का अनुवाद करतीं हस्त रेखाएँ
प्राण मन दर्पण में देखा तो तुम्हीं थे
बाहु पाशों के समर्पण में तुम्हीं थे
पर प्रणय गाथा लिखी कर मध्य थी जो
थीं न तेरे नाम की कोई ऋचाएँ
प्रीत का परिवाद करतीं हस्त रेखाएँ। नित नये..........

काल की पगडंडियों पे हम चले मिल
समय की पाबन्दियों से मन था बोझिल
भान था कि एक दिवस आयेगा ऐसा
ले उड़ेंगी भाग्य की निर्मम हवाएँ
हृदय में अवसाद भरतीं हस्त रेखाएँ। नित नये..........

है सनातन प्रेम अपना जान लो तुम
ईश्वरी वरदान है पहचान लो तुम
बद्ध आलिंगन में डूबे स्वर कहा जो
दे रहीं अनुगूँज उनकी यातनाएँ
अब भुलाती याद करतीं हस्त रेखाएँ। नित नये..........

आस ये है कि मिलोगी उस जनम में
कर रहा संकल्प प्रतिदिन आचमन में
साधना की तृप्ति हो जब भी मिलोगी
आत्मा की पूर्ण होंगी कामनाएँ
मोक्ष का अनुवाद करतीं हस्त रेखाएँ। नित नये..........

लक्ष्मण

पतिव्रता थी सीता, धर्म निभाना था,
लक्ष्मण तुम क्यों गये, राम को जाना था।

भरत शत्रु ननिहाल में थे, जब कौशल्या ने वचन माँगा
माँ कौशल्या की ममता, आँचल से सूनापन माँगा
माना कि उर्मिल का आलिंगन तुमने नहीं चुना होगा
पर मात-पिता का करुण रुदन क्या तुमने भी नहीं सुना होगा
लक्ष्मण तुम क्यों गये..................................

थे राम बहुत प्रिय दशरथ को, तो तुम प्रतिबिम्ब थे भैया के
तो कोप भवन में, मृत्यु पूर्व तुम निकट ही होते शैया के
थे राम विरह में व्याकुल नृप, तुम आलिंगन में कस लेते
तो काल पराजित हो जाता, शेषावतार थे डस लेते
तीनों माँ का सिन्दूर तुम्हें बन जाता था,
लक्ष्मण तुम क्यों गये..................................

मारीच बड़ा मायावी था, माना कि नहीं पहचाने तुम
पर मृग मानव का वध कर दें, ये वृथा तर्क क्यों माने तुम
तिरिया चरित्र इक नारी का, तुम क्षमा भाव से सह जाते
हाँ मृत्यु कल्पना से किंचित, कुछ अश्रु बिन्दु ही बह जाते,
तुम हार गये, रावण का ताना बाना था,
लक्ष्मण तुम क्यों गये..................................

वीर, धीर, निर्भीक, सरल, तुम रामचरन के अनुरागी
उर्मिला तो उर में बसती है, पर तुम प्रसिद्ध हो बैरागी
हाँ मात-पिता की सेवा का, सौभाग्य नहीं तुम जी पाये
पर भ्रातृ-प्रेम के कारण जग में, राम पताका लहराये
भाई थे तुम भाई का फर्ज़ निभाना था,
लक्ष्मण तुम क्यों गये.................................

पुरुष कौन ये शयन कक्ष में

(लक्ष्मण जी का उर्मिला के शयन कक्ष में प्रवेश व उर्मिला का लक्ष्मण को न पहचानना)

पुरुष कौन ये शयन कक्ष में
क्या जीवन है मृत्यु पक्ष में
नृप को यदि ये ज्ञात हुआ तो
तीर प्रवेश करेगा वक्ष में

तनिक भी तुमको लाज नहीं है
नारी का तनिक लिहाज नहीं है
शयन कक्ष में बिन अनुमति के
आने का तो रिवाज नहीं है

दशरथ पुत्र यहाँ जो होते
अब तक चिर निद्रा तुम सोते
प्राण मान मर्यादा सब कुछ
एक बाण में ही खो देते

क्या मुझको दुर्बल समझा है
एकाकी निर्बल समझा है
निशा निशा जो पग-पग बदले
तूने वो पायल समझा है

कोई यदि तुमको देखेगा
सोचो तो वो क्या सोचेगा
मेरे पतिव्रत पर संशय
की काली रेखा खींचेगा

इतना कह उठ उर्मिल धाई
पास लखन के ज्यों ज्यों आई
प्रेम तरंग हुआ यूँ झंकृत
मन में प्रीति की बदरी छाई

उर्मिल के उर से उर मिलता
लखन नयन झर-झर कर बहता
मानो मिलता क्षितिज धरा से
क्या-क्या कहता क्या न कहता

सियासत

सियासत की तरफ़दारी न कीजे
अजी ऐसी भी बेगारी न कीजे

शहादत सर पटकती दफ़्तरों में
मदद ऐसी भी सरकारी न कीजे

वो बिटिया है उसे जीने का हक़ है
मोहब्बत में उज़रदारी न कीजे

कभी राधा, कभी मीरा का होकर
सितम रुक्मिन पे गिरधारी न कीजे

निभाना दुश्मनी मुश्किल बहुत है
किसी अपने से गद्दारी न कीजे

रवायत टूटती है, टूट जाये
न रोज़ा हो तो, अफ़्तारी न कीजे

ये मज़हब है, इसे पाकीज़ा रखिये
ये फ़तवे बेसबब जारी न कीजे

अमाँ टोपी, कभी केसरिया पगड़ी
विधायक जी, अदाकारी न कीजे

बच्चे दादी से

बच्चे दादी से मुहब्बत की कहानी पूछें
कैसी थी बीते ज़माने में जवानी पूछें

क्यों तड़पती है दरिया से निकाली मछली
लगाये आग क्यों, बरसात का पानी पूछें

पिया की लाश पे सिन्दूर सती हो जाये
कैसे जौहर करे महलों की ये रानी पूछें

कौन राधा है, कौन मीरा, कौन है रुक्मिन
कौन है रानी और कौन दीवानी पूछें

वो जो बक्से पे लिखा रखा है, दादा का नाम
छिपा के रखी भला कौन निशानी पूछें

लाल चूनर है, कमरबन्द, चन्द ख़त मैले
इन्हीं में ठहरी मुहब्बत की रवानी पूछें

भीगी आँखों में जाने कौन तैर कर गुज़रा
हैं जो नादान, वही बात सयानी पूछें

ऐ खुदा

किया क्यों ऐसा तुमने काम
राम, रहीमा, रब, ईसा, अरे कितने रख लिए नाम!

कोई ढूँढ़ रहा मन्दिर, कोई पहाड़ पर खोजे
मंगल कोई भूखा सोये, कोई रखता रोज़े
बाईबील, क़ुरआन और गीता, ढूँढ़े ग्रन्थ तमाम
किया क्यों.........................

नम्बर दो के पैसों से मन्दिर-मस्जिद हो ताने
दान, जाज़िया काला धन है, ये तो तू भी जाने
छोड़ दे ये सारी सम्पत्ति, ये सब तुम्हें हराम
किया क्यों.........................

भैंसों, बच्चों, बकरों की बलि तेरे दर पे चढ़ाया
कहीं कुँआरी कन्याओं को दासी धर्म सिखाया
साधू ढोंगी, पन्थ ज़ेहादी, ये सब कैसा झाम
किया क्यों.........................

धर्म लड़े मज़हब से और पूजा नमाज़ से लड़ती
लाशों के संग खुली क़ब्र में पड़ी सियासत सड़ती
धरती पर आकर बतला जा तू अल्ला, तू राम
किया क्यों.........................

तुमको पाया भी नहीं

तुमको पाया भी नहीं, पर भुलाया भी नहीं
वादा तोड़ा भी नहीं, और निभाया भी नहीं

बेवफ़ा है वो चलो, सबने कहा मान लिया
उसको बेगाना कहूँ, यूँ पराया भी नहीं

है बुरा वक़्त तेरा, छोड़ चले सब अपने
तेज़ है धूप मगर, साथ में साया भी नहीं

घर मुक़दमों में फँसा, राम का और अल्ला का
उनका तोड़ा भी नहीं, इनका बनाया भी नहीं

बाद बँटवारे के फिर, माँ भी बँटी बेटों में
जिसके हिस्से में पड़ी, लेने वो आया भी नहीं

होली

वो कैसे खेले होली? वो किससे खेले होली?

पिछली पगार मज़दूरी थी, खा गयी मुआँ महँगी रोटी
भूखे पेट नहीं भाती, बाज़ारों में लटकी धोती
बस एक बची झीनी चुनरी, बस एक बची है चोली
वो कैसे खेले होली.....................

होली थी गाँव शहर में जब, सीमा पर भी फागुन आया
साजन ने भी खेली होली, सरहद से सन्देशा आया
माँ का लाल, लाल रंग रँगा, खा सीने पर गोली
वो कैसे खेले होली.....................

हरा लड़े सफेद से, और केसरिया से भी जंग चली
इधर सियासत के झाँसे में, जनता पीकर भंग चली
तीनों रंग मिले तो, माँ का आँचल बने रंगोली
वो कैसे खेले होली.....................

माना कि ग़म है दुनिया में, माना कि मजबूरी भी है
पर आँसू सदा नहीं बहते, जीवन में हँसी ज़रूरी है
सब एक रंग में रँग जायें, ये देश बने इक टोली
हम सब मिल खेलें होली
हम ऐसे खेलें होली!!

ख़ुदक़ुशी

मैं रूठ जाऊँ, औ तू मनाये
ये जद्दोज़ेहद अजीब ही है
झुकी निगाहें जता रही हैं
हुई मुहब्बत अभी-अभी है

लटक रही है जो छत से देखो
है इश्क़ की ये नयी रिवायत
ख़बरनवीसी भुना रही है
ये क़त्ल है या कि ख़ुदक़ुशी है

न दाग़ मिटते न सिलवटें ही
कि टूटा दम है तड़प-तड़प के
सिसक रही है, कफ़न में लिपटी
ये लाश है या कि बेबसी है

एहसान

मैं प्यार कर रहा हूँ जो सुल्तान की तरह
तेरे लबों पे छलकूँगा, रसखान की तरह

अँगड़ाई ले के उठ चले, लहरा के वो बदन
मेरी ग़ज़ल के मक़्ते के उनवान की तरह

दीवानगी की हद में मेरा प्यार आपसे
तुम प्यार मुझसे करते हो तावान की तरह

आयी लबों पे गालियाँ 'तुलसी' की है क़िस्मत
रत्ना तेरा अपमान है सम्मान की तरह

मैं तोड़ता क़सम हूँ, यही सोच के हुज़ूर
आये न मौत मेरे घर, एहसान की तरह

मुझको तुम्हीं से प्यार है

मुझको तुम्हीं से प्यार तू माने कि न माने
पढ़ता तेरी तस्वीर किताबों के बहाने

तकिये की ग़िलाफ़ों में तेरे ख़त छुपा लिए
सपनों में आके बैठ गयी तुम भी सिरहाने

जलता है कलेजा औ उठे टीस दिल में भी
वो मुझको गिनाते हैं, उनके कितने दीवाने

ये जुल्फ़ नयन होंठ, गोरे गाल, काला तिल
क्यों देती है कुदरत किसी को, इतने ख़ज़ाने

दफ़नाने के पहले हमारा दिल निकाल लो
गायेगा मेरे बाद मुहब्बत के तराने

ग़ज़ल मेरी

ठुमक-ठुमक के चली बज़्म में ग़ज़ल मेरी
हर एक शै से मिली बज़्म में ग़ज़ल मेरी

हमारे हाल का सबने लगाया अन्दाज़ा
सभी को अपनी लगी बज़्म में ग़ज़ल मेरी

तरीक़ा कोई हो तो तुमको भुला दूँ मैं भी
कि याद बन के जली बज़्म में ग़ज़ल मेरी

किसी के प्यार की ख़ातिर भले ही बिक जाएँ
मगर बिकी न कभी बज़्म में ग़ज़ल मेरी

तुम्हारी याद की ख़ुश्बू समेट कर देखा
महक-महक सी उठी बज़्म में ग़ज़ल मेरी

इश्क़

असर यूँ इश्क़ दिखाने लगा है
वो चेहरा हमसे शरमाने लगा है

जो देखीं देर तक अपनी अदाएँ
लो आईना भी इतराने लगा है

ज़रा सा हाल पूछा था तुम्हारा
ज़माना मारने ताने लगा है

तुम्हारे इश्क़ के शब्दों में अक्सर
ग़ज़ल लिखकर कोई गाने लगा है

समझदारी अब उसमें आ गयी है
वो नासमझों को समझाने लगा है

'नहीं' करता नहीं अब वो भी उतना
मज़ा शायद उसे आने लगा है

पश्चात्ताप

मैं अपनी नज़रों से नज़रें मिला नहीं पाया
मैं आईने में कभी मुस्करा नहीं पाया

मुझे पता ही नहीं देखता मुझे कोई
मैं अपने साये में खुद को छिपा नहीं पाया

सभी ख़ताओं से शायद बड़ी ख़ता ये हुई
बताना चाहा तुझे पर बता नहीं पाया

तेरी नज़र से गिरा तुमने उठाया झुक कर
मैं खुद की नज़रों में खुद को उठा नहीं पाया

तुम्हारे नैनों के सागर में डूबना तय है
बचाना चाहा था खुद को बचा नहीं पाया

सभी तो चेहरे की मुस्कान मेरी देखते हैं
मैं अपने ज़ख़्म किसी को दिखा नहीं पाया

रात भर चाँद

रात भर चाँद करवट बदलता रहा
वो भी सोया नहीं, मैं भी सोया नहीं
यूँ तो तुम खो गये, ग़ैर के हो गये
याद आयी बहुत, पर मैं रोया नहीं

मसले फूलों से मन्दिर की दीवार पर
नाम अपना था लिखते मेरे नाम पर
कनखियों से सही, देख लेना कभी
जाने क्यों बारिशों ने भिगोया नहीं
रात भर................................

तपती छत पर कभी दोपहर जो मिले
एड़ियों पर कभी, उँगलियों पर चले
कितनी ठंडक थी, जलते हुए पाँव में
जाके छालों को हमने भिगोया नहीं
रात भर................................

अपनी ग़ज़लों में तुमको मैं गाता रहा
महफ़िलों में तुम्हें ही सुनाता रहा
तुम विरह अग्नि बन, मन में जलती रहीं
खो के तुमको कभी हमने खोया नहीं
रात भर................................

हर अदा पाप है

प्रेमियों के लिए हर अदा पाप है
इन दिनों प्यार करना बड़ा पाप है

एक तो झूठ बोलो, ये इक पाप है
और छुपाओ उसे, दूसरा पाप है

झूठ से झूठ बेचो खरीदो यहाँ
आज कल सत्य भी बोलना पाप है

तुम बुरे को बुरा कह भी सकते नहीं
सबकी नज़रों में ये तो कड़ा पाप है

कोई भी ये समझना नहीं चाहता
पुण्य क्या है यहाँ और क्या पाप है

गुनाह

हमसे दिल का क़रार कर बैठा
इक मुसाफ़िर था, प्यार कर बैठा
मुझको मंज़िल तलाशती ही रही
राह में क्यों मैं हार कर बैठा

बेसबब मेरा दोस्त रोता रहा
कबसे मेरी मज़ार पर बैठा
सबने मुझको बड़ी नसीहत दी
फिर भी आँखें मैं चार कर बैठा

मेरा भाई था, साथ खेला था
घर में ऊँची दीवार कर बैठा
एक लम्हा ही तुमसे आँख मिली
तुझपे मैं जां निसार कर बैठा

बेटी की डोली भेजने के लिए
इक मकाँ था, उधार कर बैठा

मुक्तक

कम...

बजाज कम है कफ़न नापता तुम्हीं देखो
ढँकूँ मैं सिर को तो पैर नंगा होता है
पुरानी कब्र में लाकर मुझे दफ़न कर दो
ज़मीन पर तो यहाँ रोज़ दंगा होता है

प्यास

सागर नहीं सरिता सी तुम अधूरी हो
प्यास की तृप्ति हो होंठों की मजबूरी हो
उजली चादर में सहमी सी, प्रणय - लीला
गीत सरिता हो सुरीली, ग़ज़ल पूरी हो

अग्निशैया

कोई अब गीत लिखूँ मैं कैसे
दर्द को मीत लिखूँ मै कैसे
अग्निशैया पे चीखती लाशें
जलता संगीत लिखूँ मैं कैसे
(मेरठ अग्नि कांड से द्रवित शब्द)

अमन

आओ बैठो अमन की बात करें
लहलहाते चमन की बात करें
ख़ून के आँसू रो चुका है शहर
अब अज़ान ओ, भजन की बात करें

(सरधना, मेरठ दंगे के बाद)

कमसिन

पंखुड़ियाँ तोड़ दो किनारे की
फूल फिर से कली सी लगने लगे
बेवफ़ा दोस्त बिछड़ जाये तो
यौवना कमसिनी सी लगने लगे

ख़्वाहिश

प्यार टूटा तो रंजिशें होंगी
फिर से मिलने की कोशिशें होंगी
प्यार में जीत है ग़लतफ़हमी
हार जाने की ख़्वाहिशें होंगी

ख़्वाब

ये न कहना, कि तुम न आओगे
कैसे ख़्वाबों का दिल दुखाओगे
और आओगे तुम जो लुक-छुप कर
इस ज़माने को क्या बताओगे

साक़ी

आज पीने की भी हिम्मत चली गयी साक़ी
नाम तेरा लिया इज़्ज़त चली गयी साक़ी
तेरी आँखों से न टपका शराब में आँसू
मेरे पैमाने की लज़्ज़त चली गयी साक़ी

नारी

लाज बचाने को जब अपनी, सारे अपनों से हारी
पाँचों पति नतमस्तक बैठे, बची न किंचित भी सारी
क्यों न जला डाले राखी को और मिटा डाले सिन्दूर
परिभाषित हो अबला क्यों, जब शक्ति स्वरूपा है नारी

क्या होगा

कहीं सिमटा हुआ इक पल, बिखर जाये तो क्या होगा
तुम्हारा अक्स दर्पण में सिहर जाये तो क्या होगा
चलो लेकर चलें, इक छोटी सी दुनिया सफीने में
तुम्हारा प्यार जीवन से, गुज़र जाये तो क्या होगा

तलाश

अश्क मेरे, तेरे दामन की तलाश में हैं
होंठ मेरे, तेरे चुम्बनों की प्यास में हैं
छोड़कर क्यूँ चला गया तू हसीं महफ़िल
मेरा दिल अब भी धड़कता तुम्हारी लाश में है

प्यार...

एक पल एक युग से हार जाये तो
कोई अजनबी, अजनबी के पास आये तो
गीत तूने प्यार के लिखे हैं जो
गाकर तुझको कोई जो सुनाये तो

मासूम...

कोई मासूम सी बच्ची सितारे रोज़ गिनती है
बुलाती चाँद को मामा, कहानी माँ से सुनती है
जो करती रोज़ शादी है यहाँ गुड्डे की गुड़ियों से
ये बचपन खो न जाये बस ख़ुदा से इतनी विनती है

बेवफ़ा...

प्यार जिससे था बेपनाह किया
जिसकी ख़ातिर कई गुनाह किया
टूट जाऊँगा जब वो पूछेंगे
हाय किसने तुझे तबाह किया

न जगाना कभी

हमारी क़ब्र से तुम धूल मत हटाना कभी
फ़ातिहा पढ़ना नहीं फूल मत चढ़ाना कभी
बहुत अँधेरा है अब नींद आ ही जायेगी
ग़ज़ल सुनाना नहीं मुझको मत जगाना कभी

धोखा

मर गया हूँ चलो ये ज़िद छोड़ो
जाते-जाते न मेरा दिल तोड़ो
वो जो ख़ंजर हमारी पीठ में है
दोस्त का नाम उससे मत जोड़ो

ग़फ़लत

रियासत की सियासत में फँसा है
हमारा मुल्क ग़फ़लत में फँसा है
रंगे हैं ख़ूँ से मस्जिद औ मन्दिर
ख़ुदा भी किस मुसीबत में फँसा है

साक़ी

मेरे ख़त का जवाब दो न दो
तोड़ा क्यों दिल हिसाब दो न दो
बैठा रहने दो पास साक़ी के
एक क़तरा शराब दो न दो

ज़िन्दगी

ज़िन्दगी बेमिसाल है यारो
मोहरें हैं और चाल है यारो
ज्यों ही देने लगा जवाब कोई
त्यों ही बदले सवाल हैं यारो

प्रणय

पुलकित मन की आर्त व्यथा का, मैं आलिंगन बद्ध करूँ तो
प्रेम पाश के पावन क्षण को, कर पुष्पांजलि बद्ध करूँ तो
कोई मुझको कुछ न कहेगा, मैं सच बोलूँ मन के तल से
प्रेम गीत है परिणय मन का, प्रणय गीत लय बद्ध करूँ तो

असर

तुम न मानो मगर ये है तो है
तुम में मेरा असर ये है तो है
मेरी जानिब न देखना यारो
मेरी साक़ी पे नज़र ये है तो है

बददुआ

सहमा-सहमा हूँ मैं किसी डर से
किसकी आँखों से ये लहू बरसे
जिसके दिल से दुआ निकलती थी
उसकी इक बददुआ को दिल तरसे

साज़िश

ज़िन्दगी तेरी साज़िशों में फँस गया ये दिल
क़त्ल जिसका हुआ उसको ही कह दिया क़ातिल
कल मुलाक़ात हुई तो खुद से ही पूछा मैंने
कौन सी राह तेरी कौन सी तेरी मंज़िल

महक

चूड़ियों की खनक साथ ले के चली
पायलों की झनक साथ ले के चली
मेरी साँसों में साँसें घुलीं प्रेम की
मैं पिया की महक साथ ले के चली

पुनर्मिलन

आलिंगन में प्यास जगाये जीता हूँ
प्रणय रात्रि के दीप जलाये जीता हूँ
नयनों से आँसू की लड़ियाँ पिरो-पिरो
पुनर्मिलन की आस जगाये जीता हूँ

तलाश

गये क़दमों की आहट मत तलाशो
वसीयत में वरासत मत तलाशो
ये दिल है, टूटेगा तो रो पड़ोगे
मुहब्बत में सियासत मत तलाशो

सरहद

पूछते वो रहे, हम बता न सके
रिश्ता उनका मेरा, मेरा उनसे है क्या
इश्क़ की सब हदों से गुज़र भी गया
खींचते वो रहे सरहदें दरमियाँ

ईश्वर

मूरत में गढ़ा, चर्चों में सूली पे चढ़ा है
दरगाह पे देखा, तू ज़मीं नीचे गढ़ा है
इंसां तेरे वजूद के बँटवारे पर अड़ा
दादी तो बताती थी कि भगवान बड़ा है

अमरोहा की दरगाह पे

तेरे दर पे ये बात हो मौला
अपनी भी कुछ बिसात हो मौला

जो मैं गा दूँ भजन के कुछ टुकड़े
वो कभी तेरी नात हो मौला

और ये भी कमाल हो जाये
बात ये बेमिसाल हो जाये

ज़हर सारा समेट लूँ खुद में
सारी दुनिया निहाल हो जाये

जुर्रत...

कैसे कोई किसी को टूट के यूँ प्यार करे
जैसे सागर कोई दरिया का इन्तज़ारे
बेवफ़ा हो, वो ज़माने का, मुझे क्या लेना
इतनी जुर्रत कहाँ कि मुझको वो इंकार करे

कशमकश...

आदमी बँट गया गुनाहों में
कशमकश भी है उसकी राहों में
आ गया देर रात घर फिर भी
मन है सोया किसी की बाँहों में

बिखरी-बिखरी

यादें

●

कोई घायल कोई लथपथ, किसी की जान जानी है
कि क़ातिल ने तराशा है, नयन को काले काजल से

✪✪✪

तराश लाता है हर बार इक नया खंज़र
हमारा क़त्ल करेगा वो अब तो क़िश्तों में

✪✪✪

मेरे एहसास को वो दरकिनार करके चले
और एक मैं हूँ कि हूँ उनकी ठोकरों से खुश

✪✪✪

जब जब किसी की बात पे कुछ कहना चाहे है
कुछ सोच के ये भोला दिल चुप रहना चाहे है

✪✪✪

फ़रिश्ते जश्न में डूबे हैं, दो फनकार पाकर
पहले 'जगजीत' तो अब 'शह्रयार' पाकर

(दोनों की मृत्यु पर)

●

बारहा कहा मैंने आप से मोहब्बत है
आप कब ये माने हैं, आप कब ये मानेंगे

✿✿✿

उतरनों की खेप, नंगे मुफ़्लिसों को कब मिली
सज गयी सब सेल की दूकां में बिकने के लिए

✿✿✿

सियासत खुद परेशां है कि जायें तो कहाँ जायें
सभी दुश्मन निभाते दुश्मनी मुस्का के दिल्ली में

✿✿✿

रिश्ते सहेजने में वो हद से गुज़र गयी
चाहूँ न किसी और को मैं इस से डर गयी

✿✿✿

बड़ी बेताब है ये बदनसीबी,
भला कब तक मेरे घर में रहेगी

●

कोई आँसू नहीं जीवन में मेरे
कलम जिसमें डुबो के शे'र गढ़ लूँ

✪✪✪

दंगों में नंगे हुए पैदल, शाह, वज़ीर
बदली हर दिन लाश की खींची हुई तस्वीर

✪✪✪

बहुत बारीक हैं बातें तुम्हारी,
जो कह देती हो, वो कहती नहीं हो

✪✪✪

आग़ाज़ है अभी, अभी कमसिन है मोहब्बत
इक रोज़ मेरे नाम से जानेंगे तुमको लोग

✪✪✪

मौत कोहरा ओढ़ के बैठी हुई है
ज़िद मुसाफ़िर की है वो ज़िन्दा रहेगा

●

किसी की आँख का तारा रहा हूँ
कभी मैं भी तो कुँवारा रहा हूँ

☼☼☼

सियासत को न तुम हल्के में लेना
ये नंगी भी है, नंगा करती भी है

☼☼☼

मेरी आगोश में दिल मेरा आके, आज जब रोया
कोई ये कह रहा था, सुब्ह का भूला हुआ लौटा

☼☼☼

कभी कभार मेरा हाल उसने पूछ लिया
यही बची है मेरे प्यार की निशानी बस

☼☼☼

बात बस इतनी सी होती, तो कोई बात न थी
मेरी चुप्पी के कई अर्थ सताते हैं उसे

•

दुश्मनों की ज़रूरत अब पड़ेगी
दोस्त दामन छुड़ाने में लगे हैं

✿✿✿

तुम्हारी नज़रें उठती हैं, मेरे पोशीदा कॉलर पर
गिरेबां चाक है तेरा मैं पकड़ूँ तो कहाँ पकड़ूँ

✿✿✿

अतीत मेरा हुआ दफ़्न अब गुनाहों में
मैं ख़ुद को भींच के बैठा हूँ अपनी बाँहों में

✿✿✿

इतिहास बन गयी है मेरे गाँव की नदी
ख़ुद प्यास बन गयी है मेरे गाँव की नदी

✿✿✿

भँवरें तो लिपटी हैं पैरों में सोचता हूँ मैं
कोई तूफ़ान जो आये तो फिर मिले साहिल

●

खुद को तो पास मेरे छोड़ के वो जाते हैं
बे सलीका है अदा उनके बिछड़ जाने की

✡✡✡

मुफ़लिसी में माँ को मिलें रोटियाँ
इसलिए लौटतीं घर सुबह बेटियाँ

✡✡✡

ऐसा तराशा तुमने कि बिकना पड़ा मुझे
हर शहर, हर बज़ार में सजना पड़ा मुझे

✡✡✡

रख के प्यासा तुझे, मैं भी कोई दरिया न रहा
खुद के बारे में भी, पहले सा नज़रिया न रहा

✡✡✡

आँसू घसीट लाया हूँ, होंठों की कोर तक
लम्बा सफ़र है चाँद का चिड़ियों के शोर तक

●

हाशिये पर लिखा हूँ हर्फ़ मगर,
जो गुज़रता ज़रूर पढ़ता है

✡✡✡

वो बख़्श के भी मुझे मुतमइन हुआ न कभी
ये कम सज़ा थी मेरी ख़ता के मुक़ाबले

✡✡✡

बहुत मजबूरी में जीने से अच्छा
चलो कुछ दायरे हम तोड़ डालें

✡✡✡

किसी बात पे इतना न हँसना
कि वो होकर चला जाये रुँआसा

✡✡✡

जाने लगता है वो तारीफ़ मेरी जब करके
आईना घूरता है औ मैं छुपाता हूँ नज़र

●

चन्द टप्पों के बाद डूबना इसे होगा
दिल को कितने भी करीने से झील में फेंको

✡✡✡

अब न करना मेरी गुस्ताख़ियों से शिकवा गिला
इनकी तफ़्तीशों में तेरा भी नाम आयेगा

✡✡✡

मेरे वज़ूद में वफ़ा से ऊब कर कोई
हर वक़्त इक नयी जफ़ा तलाश करता है

✡✡✡

मैं दिल पे उसके दुनिया नयी बसा तो गया
पर ग़ैर उँगलियों के हर निशां मिटा न सका

✡✡✡

अजीब सी है कशमकश तेरे वज़ूद में
क्यों चाहता हूँ तुमको कोई और न चाहे

●

बस इतनी बात सुनकर हूँ सुकूँ में, दर्द भी कम है
तू मेरी फ़िक्र का है ज़िक्र करती उसकी बाँहों में

✪✪✪

त्रिशंकु ही रहा मेरा सफ़र मंज़िल कहाँ मिलती
तेरी दुत्कार में भी प्यार झलके ये भी देखा है

✪✪✪

कोई सुन लेगा तो अफ़साना बना डालेगा
ऐसे जाना मेरे दिल से, कोई आहट ही न हो

✪✪✪

खरोंच कर ना दे घायल किसी मासूम पत्थर को
इसी से आईने पे कोई भी पत्थर नहीं फेंका

✪✪✪

सियासी दुम है कुत्ते से भी ज़िद्दी
और उसपे तुर्रा ये खादी का अचकन

●

तुम्हारा नाम लिख दूँ तो ग़ज़ल हो
रदीफ़ो काफ़िया शरमा ही जाये

✿✿✿

खोजती है मेरे हर शे'र में वो अक्स अपना
मेरे महबूब को प्यारी है मुझसे मेरी ग़ज़ल

✿✿✿

तलब भी तुमने किया तो, फ़क़त तस्वीर किया
सोचता रहता था, मैं भी हूँ तेरे काम का कुछ

✿✿✿

मोहब्बत की बुराई करने वालो
तुम्हें हो जाये तो नानी मरेगी

✿✿✿

रोग है ये तो पुराना, औ दवा भी इसकी नहीं
इश्क़ के नाम से बदनामी भी मशहूरी भी

●

प्रेम आलिंगन में छुपकर मूँद लें, जब नयन भीगे
धड़कनों की थाप पे, है कौन जो लोरी सुनाये

✪✪✪

नियति निर्मम है न जाने प्रेम की पावन पिपासा
पथिक पगलाया, भ्रमित मन, पी सका केवल हताशा

✪✪✪

तेरे जाने के बाद ये जाना
तू जो आये बहार आती थी

✪✪✪

सोचा था कि कतरा के निकल जाऊँगा उनसे
उसने भी यही सोचा! लो टकरा ही गये हम

✪✪✪

मैं हर क़दम गुनाह के तय कर रहा रस्ते
गोया कि मुहब्बत ने नया नाम रख लिया

●

ये तूने क्या किया है जादू, आईने पे
बाद तेरे वो, कनखियों से है देखे मुझको

✪✪✪

तुम्हारी माँग में, सिन्दूर बनके रचता मैं
तेरे सँवरने तलक, जो न बिक गया होता

✪✪✪

तेरे गालों पे मेरे होंठों की चहलकदमी
ये सफ़र ख़त्म न हो, तो ख़ुदाई मानूँ

✪✪✪

हुआ तो यूँ भी कि दुत्कार गया वो मुझको
कमीने दिल को मगर ये अदा भी ठीक लगी

✪✪✪

पल्लू, आँचल, ओढ़नी, यौवन
सहेजती कितना कुछ दुल्हन

●

शरारत करता है वो इस अदा से
शराफ़त से मुझे अब क्या मिलेगा

✡✡✡

ख़ामोशी खल रही है उनको मेरी
हमेशा कहते थे जो, चुप रहो भी

✡✡✡

बड़े अदब से बड़े एहतराम से कोई
तमाचा मारता है इश्तेहार देता है

✡✡✡

ऐसा भी हुआ क्या कि, तुम उठ कर चले गये
महफिल उदास है मैं तरानों का क्या करूँ

✡✡✡

बिस्तर की सिलवटों में तेरे होने की खुशबू
फिर कौन कह रहा था कि तू रूठ गयी है

●

शायद कि हो अम्मा के टोटकों का ये असर
मैं हुस्न के बाज़ार से लौटा हूँ पाक-साफ़

✿✿✿

बात निकली भी और दूर तक गयी होगी
तभी हर शख़्स मुझे घूर-घूर देखे है

✿✿✿

आओ चलो सो जायें, उनको बाँहों में लेकर
जिन यादों को वो छोड़ गये तकिये के नीचे

✿✿✿

मैं जानता हूँ वो पढ़ेगी, शे'र जब सुबह
तब ये करेगी शिकवा कि सोये न देर तक

✿✿✿

हर मौत पर रोना नहीं आता है ज़ार-ज़ार
हाँ रो पड़ा ये देखकर ज़िन्दा हैं कैसे लोग

●

देख लेना कनखियों से जाते जाते एक बार
इसी अन्दाज़-ए जुदाई का है क़ायल दिल मेरा

✿✿✿

बेमज़ा है हर मज़ा, बस इक अदा के सामने
इक चिकोटी काटने, और चीख सुनने में जो है

✿✿✿

देर तक आईना, देखा किया अपलक मुझे
बात कुछ तो है, मेरे चेहरे पे चाहत की तेरी

✿✿✿

वो हमेशा जो मुस्कुराती है
कुछ न कुछ तो कहीं छिपाती है

✿✿✿

अब उसे चाहना क्या, जो कि अनचाहे मिला
अब तमन्ना है मिलूँ, उसको जो चाहे है मुझे

●

मैं कबड्डी और कबड्डी कह के वापस तो हुआ
साँस उनको छू के मेरी टूटी, और मैं मर गया

✪✪✪

और जो खुद को समझते थे कि तीरन्दाज़ हैं
तीर खाये दिल की मुस्कानों से घायल हो गये

✪✪✪

सियासत ये भी रंग दिखला रही है
सफेदी को सियाही खा रही है

✪✪✪

मैं इन आँखों को अब कैसे छुपाऊँ
मोहब्बत आईना दिखला रही है

✪✪✪

गैर कोई भी न तारीफ़ करे
किसी अपने को जलन होती है

●

इश्क़ की ये अजब रवायत है
रूठता तू है टूटता मैं हूँ

✡✡✡

मौत पे फिर नया एहसान किया
एक क़सम और तोड़ दी मैंने

✡✡✡

हमारी पीठ में ख़ंजर की आरज़ू वालो
इससे पहले मुझे आगोश में भरना होगा

✡✡✡

रात महँगी थी यूँ ही ख़र्च हुई
बेकदर यूँ तो मैं न था कल तक

✡✡✡

अब चलो मुझसे ख़ता हो ही गयी
जान लोगे या ख़ुदक़ुशी कर लूँ

●

कौन चाहे है जान दे देना
प्यार हो जाये तो फिर क्या कीजे

✪✪✪

बिगाड़ोगे किसी का कुछ तो तुमको भाव देगा वो
नहीं तो चढ़ के छाती पे तुम्हारे ताव देगा वो

✪✪✪

प्यार को और तमाशा न बनाओ साहिब
दूर क्यों बैठे हो अब पास भी आओ साहिब

✪✪✪

फिर उसी बात पे हूँ आमादा
तुमको चाहूँगा, क्या करोगे तुम

✪✪✪

चाँद किस धर्म का है कोई तो पूछे उससे
कल जो पूनम का था तो आज वही ईद का है

●

ज़रा सी बात पे वो इस क़दर ख़फ़ा होंगे
पता जो होता तो करते ख़ता क़रीने से

✪✪✪

चाँद था वो कि चली आयी थी तुम ही छत पर
ईद-ऐलान करने वाले पसोपेश में हैं

✪✪✪

हरेक बार मैं उसको मना ही लेता हूँ
यही पैमाना है कि इश्क़ अभी ज़िन्दा है

✪✪✪

मैं अपनी आँख भर के लाया हूँ
कौन सी लाश पे रोना है मुझे

✪✪✪

बहुत अफ़सोस हुआ उनको जो चले आये
उड़ी अफ़वाह मौत की थी और मैं ज़िन्दा था

●

अजब सी बेख़्याली में तेरी गलियों में आया हूँ
इरादा कुछ नहीं था बस चला आया था मैं यूँ ही

✪✪✪

चलो इक बार फिर लड़ लें किसी बेनाम मुद्दे पर
बहुत दिन से तेरे गुस्से को देखा ही नहीं मैंने

✪✪✪

यार रस्ता बदल गया आख़िर
खोटा सिक्का था चल गया आख़िर

✪✪✪

बे इरादा बहुत दूर तक चलता रहा
मंज़िलें बदलीं कभी रस्ता मेरा

ग़ज़लें

ज़माना

ज़माना हममें तुममें जुदाई चाहता था,
हमें भी सब ख़बर थी, तुम्हें भी सब पता था।

तुम्हें पाने की ज़िद थी, मैं चलता जा रहा था,
तूही मंज़िल थी मेरी, तू मेरा रास्ता था।

न तुम होगे किसी के, न कोई तेरा होगा,
तुम्हें भी याद होगा, तुम्हीं ने तो कहा था।

मैं तुमको चाहता था, तू उसको चाहती थी,
तेरी भी दास्तां थी, मेरा भी वाक़या था।

तुम्हारी हर शिकायत तुम्हीं से कर रहा था,
तुम्हीं से दुश्मनी थी, तुम्हीं से वास्ता था।

तेरे ख़ामोश लब थे, मेरे होठों पे लरजिश,
तू मेरा आईना था, मैं तेरा आईना था।

लाशें

सियासत गिन रही है, मौक़े पर आकर लाशें
बड़ी तफ़्तीश से रखी हैं सजाकर लाशें।

हमारी लाश, उनकी लाश, लाश लावारिस,
भीड़ में मुश्किल है कितना बचाकर रखना लाशें।

किसे जलाया, दफनाया जायेगा किसको,
अभी मज़हब में बाँटी जायेंगी लाकर लाशें।

यक़ीं नहीं है जिन्हें मौत आती है बेमौत,
यक़ीं वो कर रहे हैं देखो हिलाकर लाशें।

क़तार लम्बी लगी चीर-घर के चौखट पे,
दलाल दे रहे हैं पैसे खिलाकर लाशें।

यह हाकिम कर गया ऐलान काँधेदारों में
रकम ले जाइए नायब को दिखाकर लाशें।

इलाका जो किसी थाने के हल्के में नहीं,
वहीं आ जाते हैं क़ातिल बिछाकर लाशें।

नुमाइश क़त्ल की करके तमाम मुल्क़ों में
क्या मिला स्याह लिबासों को बिछाकर लाशें।

□□